LEARN SPANISH WITH STARTER STORIES

Interlinear Spanish to English

HYPLERN

TRANSLATION
KEES VAN DEN END

FOREWORD
CAMILO ANDRÉS BONILLA CARVAJAL PHD

ISBN: 978-1-988830-81-0

HYPLERN

LEARNING A FOREIGN LANGUAGE should not be the product of leafing through pages in a bilingual dictionary until hurting one's fingertips. Quite the contrary, everyday language use, friendly reading, and direct exposure to the language should become the path towards the mastery of vocabulary. In this manner, learners could be successful in the foreign language without too much study of grammar paradigms or rules. Indeed, Seneca expresses in his sixth epistle that "Longum iter est per praecepta, breve et efficax per exempla[1]».

The HypLern series constitutes an effort to provide a strongly effective tool for experiential foreign language learning. Those who are really interested in addressing the original literary works to learn a foreign language do not have to use

---

[1] "The journey is long through precepts, but brief and effective through examples". Seneca, Lucius Annaeus. (1961) *Ad Lucilium Epistulae Morales*, vol. I. London: W. Heinemann.

conventional graded texts or adapted versions for novice readers. The former only distort the actual essence in literary works, while the latter are highly reduced in vocabulary and relevant content. This collection aims at facilitating the lively experience for learners to go through stories as directly told by their very authors.

Most excited adult language learners tend to ask their teachers for alternatives to read writers' thoughts *in* the foreign language, rather than reading others' opinions *about* the target language. However, both teachers and learners lack a reading technique or strategy. Oftentimes, students conduct the reading task only equipped with a bilingual dictionary, a schooling grammar and lots of courage. These efforts usually end up with mis-constructed nonsensical sentences as the final product of long hours spent in an aimless translation drill.

Consequently, we have decided to develop this series of interlineal translations intended to afford a comprehensive edition of unabridged texts. These texts are presented as they were originally written with no changes in word choice or order. As a result, we have a translated piece conveying the true meaning under every word from the original work. Our readers receive then two books in just one volume: the original version and its translation.

The reading task becomes something different from a laborious exercise of patiently decoding unclear and seemingly complex paragraphs. In contrast, reading will be an enjoyable and meaningful process of cultural, philosophical and linguistic learning. Independent learners will then be able to acquire expressions and vocabulary while understanding pragmatic and socio-cultural dimensions of the target language by *reading in* it, instead of *reading about* it.

Our proposal, however, does not claim to be a novelty. Interlineal translation is as old as the Spanish tongue, e.g. "glosses of [Saint] Emilianus", interlineal bibles in Old German, and of course James Hamilton's work in the 1800s. About the latter, we remind the readers, that as a revolutionary freethinker he promoted the publication of Greco-Roman classic works and further pieces in diverse languages. His effort, such as ours, sought for lightening the exhausting task of looking words up in large glossaries as an education practice: "if there is any thing which fills reflecting men with melancholy and regret, it is the waste of mortal time, parental money, and puerile happiness, in the present method of pursuing Latin and Greek[2]".

Additionally, John Locke appears as another influential figure in the same line of thought as Hamilton. Locke is the philosopher and translator of the *Fabulae AEsopi* in an interlineal plan too. In 1600, he was already suggesting that interlineal texts, everyday communication and use of the target language could be the most appropriate ways to achieve language learning:

...the true and genuine Way, and that which I would propose, not only as the easiest and best, wherein a Child might, without pains or Chiding, get a Language which others are wont to be whipt for at School six or seven Years together...[3].

---

[2] In: Hamilton, James (1829?) *History, principles, practice and results of the Hamiltonian system, with answers to the Edinburgh and Westminster reviews; A lecture delivered at Liverpool; and instructions for the use of the books published on the system.* Londres: W. Aylott and Co., 8, Pater Noster Row. p. 29.

[3] In: Locke, John. (1693) *Some thoughts concerning education.* Londres: A. and J. Churchill. pp. 196-7.

Who can benefit from this edition?

We identify three kinds of readers, namely, those who take this work as a search tool, others who want to learn a language by reading authentic materials, and the last group that attempts to read writers in their original language. The HypLern collection constitutes a very effective instrument for all of them.

➢ For the first target audience, this edition represents a search tool to connect their mother tongue with that of the writer's. Therefore, they have the opportunity to read over an original literary work in an enriching and certain manner.

➢ For the second group, reading every word or idiomatic expression in their actual context of use will yield a strong association among the form, the collocation and context. This very fact will have an impact on long term learning of passive vocabulary, gradually facilitating the reading in their original language. This book stands for an ideal friend not only of independent learners, but also of those who take lessons with a teacher. Simultaneously, the continuous feeling of achievement produced in the process of reading original authors is also a stimulating factor to empower the study[4].

➤   Finally, the third kind of readers may as well have the same benefits as the previous ones. In effect, they definitely count on a unique version from its style. The closeness feature of our interlineal texts is even broader than collections, such as the Loeb Classical Library. Although their works could be the most famous in this genre, their presentation of texts in opposite pages hinders the link between words and their semantic equivalence in our tongue.

---

[4]   Some further ways of using the present work include:
1. As Reading goes on, learners can draw less on the under line (i.e. the English translation). Instead, they could try to read through the upper line with text in the foreign language.
2. Even if you find glosses or explanatory footnotes about the mechanics of the language, you should make your own hypothesis on word formation and syntactical function in a sentence. Feel confident about inferring your language rules and test them progressively. You could also take notes concerning those idiomatic expressions or special language usage that calls your attention for later study.
3.   As soon as you finish each text, check the reading in the original version (with no interlineal or parallel translation). This will fulfil the main goal of this collection: bridging the gap between readers and the original literary works, training them to read directly and independently.

Why interlinears?

Conventionally speaking, tiresome reading in tricky circumstances and through dark exhausting ways has been the common definition of learning by texts. This collection offers a friendly reading format where the language is not a *stumbling block* anymore. Contrastively, our collection presents a language as a vehicle through which readers could attain and understand their authors' written ideas.

While learning to read, most people are urged to use the dictionary and distinguish words in multiple entries. We help readers skip the hard and vague step on uncertainties from grammar paradigms and several meanings. In so doing, readers have the chance to invest energy and time in understanding the text and learning vocabulary; they read quickly and easily as a skilled horseman cantering through a book.

Thereby we stress on the fact that our proposal is not new at all. Others have tried the same before, coming up with evident and substantial outcomes. Certainly, we will not be pioneers in designing interlineal texts, but we are nowadays the only, and doubtless, the best in providing you with interlinear foreign language texts.

HANDLING INSTRUCTIONS

Using this book is very easy. Each text should be read three times at least in order to explore the whole potential of the method. Firstly, the reading is devoted to compare words in the foreign language to those in the mother tongue. This is to say the upper line is contrasted to the lower line as the example shows:

Hanc	materia,	quam	auctor	Aesopus	repperit,
This	*matter*	*which*	*the-author*	*Aesop*	*has-found,*

ego	polivi	versibus	senariis.
I	*have-polished*	*with-verses*	*of-six-feet-each.*

Reading needs to be carried out as follows:

Hanc *this* materiam, *matter* quam *which* auctor *the-author* Aesopus *Aesop* repperit, *has-found* ego *I* polivi *have-polished* versibus *with-verses* senariis *of-six-feet-each* etc...

The second phase of reading focuses on catching the meaning and sense from the English line. Readers should cover the under line with a piece of paper as we illustrate in the next picture. Subsequently, they try to guess the meaning of every word and whole sentences drawing on the translation only if necessary.

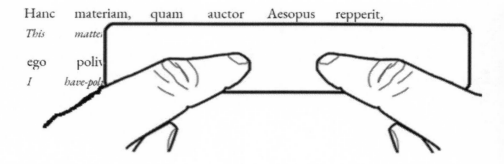

Finally, readers will be able to understand the message in the text when reading it without additional help.

Hanc materiam, quam auctor Aesopus repperit, ego polivi versibus senariis...

Above all, readers will not have to look every word up in a dictionary to read a text in the foreign language. This time they will particularly concentrate on their principal interest. These new readers will tackle authentic texts while learning their vocabulary and expressions to use in further communicative (written or oral) situations. This book is the first work from an overall series with the same purpose. It really helps those who are afraid of having "poor vocabulary" feel unconfident about reading directly in the language. To all of them, welcome to the amazing experience of living a foreign language.

Additional tools:

Check out shop.hyplern.com or contact us at info@hyplern.com for free mp3s (if available) and free empty (untranslated) versions of the eBooks and paperbacks that we have on offer.

For some of the older eBooks and paperbacks we have Windows, iOS and Android apps available that, next to the interlinear format, allow for a pop-up format, where hovering over a word or clicking on it gives you its meaning. The apps also have any mp3s, if available, and integrated vocabulary practice.

Visit the site hyplern.com for the same functionality online. This is where we will be working non-stop to make all our material available in multiple formats, including audio where available, and vocabulary practice.

Table of Contents

LOS POBRES SASTRES

LOS POBRES SASTRES
The Poor Tailors

Un herrero de una pequeña ciudad había hurtado un
A blacksmith of a small city had stolen a

caballo. El dueño halló el caballo en el establo del
horse The owner found the horse in the stable of the

herrero y le hizo buscar con un guardia municipal.
blacksmith and him let find with a guard of the city

Fué arrestado el herrero y conducido delante de un
Was arrested the blacksmith and conducted before of a
(led)

magistrado. El magistrado le condenó a ser ahorcado.
magistrate The magistrate him condemned to be hung

Entonces se agitó la gente de la ciudad, porque
Then itself agitated the people of the city because
got excited

no había más que un solo herrero en la ciudad.
not had more than a single blacksmith in the city
(there was)

Nombraron una delegación, y la delegación fué a
(They) named a delegation and the delegation was to
(They appointed)

ver al magistrado. Uno de ellos dijo al magistrado:
see to the magistrate One of them said to the magistrate

1

- No | tenemos | más | que | este | herrero | en | toda | la
Not | (we) have | more | than | this | blacksmith | in | all | the

ciudad, | y | nos | es | indispensable. | Pero | tenemos | tres
city | and | (to) us | (he) is | indispensable | But | (we) have | three

sastres | en | la | ciudad. | Podemos | perder | a | uno | de | estos
tailors | in | the | city | (We) can | lose | ~~to~~ | one | of | these

sastres. | Alguno | ha | de | ser | ahorcado, | esto | es | claro.
tailors | Someone | has | ~~of~~ | to be | hung | this | is | clear

Por | consiguiente, | háganos | Vd. | el | favor | de | ahorcar | a
By | consequence | make us | you | the | favor | of | to hang | to

uno | de | los | sastres.
one | of | the | tailors

2

UNA PIERNA

UNA PIERNA
A   Leg

Un paje sirvió en la comida a su señor una grulla.
A page served in the meal to his lord a crane

Esta grulla no tenía sino una pierna, porque la otra
This crane not had but one leg because the other

se la había comido el paje. El señor dijo: -
himself it had eaten the page The lord said

¿Cómo no tiene esta grulla más que una pierna?
How not has this crane more than one leg

Respondió el paje: - Señor, las grullas no tienen sino
Answered the page Sir the pages not have but

una pierna.
one leg

El amo dijo: - Pués, mañana yo llevaré a Vd. a
The master said Then tomorrow I will take to you to

caza, y verá Vd. que tienen dos, y entonces me
hunt and will see you that (they) have two and then me

lo pagará. Al otro día fueron a caza y
it (you) will pay At the other day (they) were at hunt and

toparon con unas grullas que estaban todas sobre un
bumped with some cranes that were all on one
(encountered)

3

pie. Entonces dijo el paje a su amo: - ¡Mire Vd.!
foot Then said the page to his master Look you

como no tienen más de un pie. Refrenó el amo
as not (they) have more of one foot Reined in the master
(than)

su caballo, diciendo: - ¡Ox, ox! y entonces las grullas
his horse saying Ho ho and then the cranes

sacaron la otra pierna y empezaron a volar.
put out the other leg and started to fly

El amo dijo al paje: - ¿Ve Vd. como tienen
The master said to the page See you how (they) have

dos? - y el paje contestó: - Si Vd. oxea a la
two and the page answered If you ho-ho to the

grulla del plato, ella también sacará la otra pata.
crane of the dish she also will put out the other leg

4

¿QUÉ DICE DAVID?

¿QUÉ DICE DAVID?
What Says David

Un obispo tenía un criado vizcaíno. Dijóle una
A bishop had a servant (from) Vizcaya (He) said him one

vez: - Vaya Vd. al carnicero que se llama David
time Go you to the butcher that himself calls David

y compre al fiado carne para mañana. Después
and buy at the guarantee meat for tomorrow After
on credit

de haber comprado Vd. la carne vaya Vd. a la
of to have bought you the meat go you to the
having

iglesia, por ser domingo.
church for to be Sunday
because it is

Predicando en la iglesia el obispo citaba autoridades
Preaching in the church the bishop quoted authorities
(sayings)

de profetas en el sermón, diciendo: - Dice Isaías,
of prophets in the sermon saying Said Isaya

profeta...; dice Jeremías, profeta...; - y mirando
prophet said Jeremia prophet and looking

entonces hacia donde estaba su criado, dijo con énfasis
then to where was his servant said with emphasis

prosiguiendo su sermón: - Pero, ¿qué dice David?
continuing his serman But what said David

5

El vizcaíno, su criado, pensando que a él le
The Vizcayan his servant thinking that to him him

hablaba el obispo, respondió muy alto: - David dice:
talked the bishop answered very high David said
(loud)

'No daré carne al obispo si primero no paga.'
Not (I) will give meat to the bishop if first not (he) pays

UN PORTERO EXACTO

UN PORTERO EXACTO
A   Doorman   Precise

Una señora dió orden un día a su portero:
A   lady   gave order one day to her doorman

- Di a todas personas que no estoy en casa.
Tell to all   persons   that not (I) am in (the) house
                                              at home

Por la noche, al referirle el portero los nombres
For the night at the to tell her the doorman the names
                 at telling

de las personas que habían estado a la puerta,
of the persons   that had   been   at the door

pronunció el de la hermana de la señora, y
(he) pronounced that of the sister of the lady   and

entonces la señora dijo:
then   the lady   said

- Ya te he dicho que para mi hermana siempre
Already you (I) have said that for my sister always

estoy   en casa,   hombre;   debiste
(I) am   in (the) house   man   (you) should
               at home

haberla dejado entrar.
have her let   enter
     have let her enter

7

Al día siguiente salió la señora a hacer unas
At the day next exited the lady to make some
At the next day

visitas, y poco después llega su hermana.
visits and little after arrived her sister

- ¿Está tu señora en casa? - le pregunta al
Is your lady in house it asked to the
at home

portero.
doorman

- Sí, señora, - contesta éste.
Yes madam answered this (one)

Sube la señora, y busca en balde por todas
Went up the lady and searches in pail through all
(Entered) (vain)

partes a su hermana. Vuelve a bajar, y le dice
parts to her sister Returns to go down and to him said
(for) (leave)

al portero:
to the doorman

- Mi hermana debe de haber salido, porque no la
My sister must of to have left because not her

he hallado.
(I) have found

8

- Sí, señora, ha salido, pero me dijo anoche
  Yes, lady, (she) has left, but (to) me (she) said last night

que para Vd. siempre estaba en casa.
that for you always (she) is in house
                                  at home

TRES PALABRAS

TRES   PALABRAS
Three   Words

Un   jornalero   pobre   llegó   por   la   noche   a   una
A   day-worker   poor   arrived   for   the   night   at   an
{jornal; daily wage}

posada.   Estaba   muy   cansado   y   tenía   hambre   y   sed.
inn   (He) was   very   tired   and   had   hunger   and   thirst

Pero   no   tenía   dinero.   Sin   dinero   no   pudo
But   not   (he) had   money   Without   money   not   (he) could

obtener   nada.   ¿Cómo   obtener   dinero   para   comer?
obtain   nothing   How   to obtain   money   for   to eat
   (anything)   (eating)

Se   sentó   a   una   mesa.   A   la   mesa   estaban
Himself   (he) sat   at   a   table   At   the   table   were

sentados   dos   panaderos   que   comían   y   bebían.   El
seated   two   bakers   that   ate   and   drank   The
         {pan; bread}

jornalero   les   contaba   de   sus   viajes.   Su   cuento   era
day-worker   them   related   of   his   travels   His   tale   was

muy   interesante   y   ellos   lo   escuchaban   atentamente.
very   interesting   and   they   him   listened to   attentively

Finalmente   él   les   dijo:
Finally   he   them   said

10

- Propongo una apuesta. Diré tres palabras que
  (I) propose a bet (I) will say three words that

Vds. no pueden repetir.
you not can repeat

- Es absurdo, - contestaron los panaderos. - Vd. no
  (It) is absurd answered the bakers You not

puede hacerlo.
can do that

- ¿Cuánto apuestan Vds.? - dijo el jornalero.
  How much bet you said the day-worker

- Un duro, - contestaron los panaderos.
  A piece of 5 answered the bakers
  {5 pesetas}

El jornalero empezó: - 'Popocatepetl'. - Los panaderos
The day-worker began Popocatepetl The bakers

repitieron: - 'Popocatepetl'. - El jornalero dijo: -
repeated Popocatepetl The day-worker said

'mercader'. - Los panaderos dijeron: - 'mercader'. -
merchant The bakers said mercader
(merchant)

Entonces dijo el jornalero con una sonrisa: - 'error'.
Then said the day-worker with a smile error

Los panaderos meditaron mucho, pero no pudieron
The bakers meditated (thought) much but not could

hallar su error. El jornalero dijo:
find his error. The day-worker said:

- Ensayemos de nuevo.
(Let's) try of new again

- Sí, cierto, - dijeron los panaderos.
Yes certain said the bakers

El jornalero empezó otra vez y dijo: -
The day-worker started (an)other time and said:

'hipopótamo'. - Los panaderos: - 'hipopótamo'. - El
hippo The bakers hippo The

jornalero: - 'jirafa'. - Los panaderos: - 'jirafa'.
day-worker giraffe The bakers giraffe

- Otra vez el jornalero dijo con una sonrisa: -
(An)other time the day-worker said with a smile

'error'.
error

Intentáronlo tres o cuatro veces. Después de la cuarta
(They) tried it three or four times. After of the fourth

vez los panaderos pagaron el duro, pero
time the bakers paid the piece of 5 but
{5 pesetas}

preguntaron:
asked

- ¿Cuál ha sido nuestro error?
Which has been our error

El jornalero dijo: - Nunca han pronunciado Vds. la
The day-worker said Never have pronounced you the

tercera palabra. La tercera palabra fué cada vez:
third word The third word was each time

'error'. Por eso Vds. han perdido la apuesta.
error For that you have lost the bet

13

EL MÉDICO TUNANTE

EL   MÉDICO   TUNANTE
The   Medic   crook

Llegó un tunante a la ciudad de Zaragoza, diciendo
Arrived a crook at the city of Zaragoza saying
A crook arrived

que sabía raros secretos de medicina. Entre otras
that (he) knew rare secrets of medicin Between other

cosas dijo que podía remozar las viejas. Muchas
things (he) said that (he) could rejuvenate the old people Many

viejas del pueblo creyeron sus palabras.
old people of the village believed his words

Llegaron pues un gran número de ellas a pedirle este
Arrived then a great number of them to ask him this

precioso beneficio. Él les dijo:
precious benefit He them said

- Es necesario que cada una escriba en una cédula
(It) is necessary that each one writes in a form

su nombre y edad.
their name and age

Había (Had) (There were) **entre** (between) **ellas** (them) **mujeres** (women) **de** (of) **setenta,** (seventy) **de** (of) **ochenta,** (eighty)

y (and) **de** (of) **noventa** (ninety) **años** (years) **de** (of) **edad.** (age) **Todas** (All) **hicieron** (did)

exactamente (exactly) **como** (as) **él** (he) **les** (them) **había** (had) **dicho** (said) **porque** (because) **no** (not)

querían ((they) wanted) **perder** (to lose) **la** (the) **dicha** (luck) **de** (of) **remozarse.** (rejuvenating themselves) **El** (The)

tunante (crook) **les** (them) **dijo** (said) **que** (that) **volvieran** ((they) return) **a** (to) **su** (his) **posada** (inn) **al** (at the)

día (day) **siguiente.** (next) (next day)

Cuando (When) **volvieron** ((they) returned) **él** (he) **empezó** (started) **a** (to) **lamentarse** (lament himself) **y** (and) **les** (them)

dijo: (said)

- **Debo** ((I) must) **confesar** (confess) **la** (the) **verdad.** (truth) **Una** (A) **bruja** (witch) **me** (me) **ha** (has) **robado** (robbed)

todas (all) **las** (the) **cédulas.** (forms) **Era** ((She) was) **envidiosa** (envious) **de** (of) **la** (the) **buena** (good) **suerte** (luck)

de (of) **Ustedes.** (you) **Así** (Thus) **es** ((it) is) **necesario** (necessary) **que** (that) **cada** (each) **una** (one) **vuelva** (returns) **a** (to)

escribir (write) **su** (their) **nombre** (name) **y** (and) **edad.** (age) **También** (Also) **quiero** ((I) want) **decirles** (to tell you)

porqué   es   necesaria   esta   circunstancia.   La
because   (it) is   necessary   this   circumstance   The

this condition is necessary

mujer   más   vieja   ha   de   ser   quemada.   Las   otras   han
woman   most   old   has   ~~of~~   to be   burned   The   others   have

oldest woman

de   tomar   una   porción   de   sus   cenizas   y   así   se
~~of~~   to take   a   portion   of   her   ashes   and   thus   themselves

remozarán.
rejuvenate

Al   oír   esto   se   pasmaron   las   viejas,   pero,
At the   to hear   this   themselves   surprised   the   old ones   but

At hearing   *were amazed*

todavía   creyendo   su   promesa,   hicieron   nuevas   cédulas.
still   believing   his   promise   (they) made   new   forms

                                (they filled out)

Pero   todas   tenían   miedo   de   ser   quemadas   y   no
But   all   had   fear   of   to be   burned   and   not

escribieron   sus   edades   correctamente.   Cada   una   se
wrote   their   ages   correctly   Each   one   itself

quitó   muchos   años.
took off   many   years

La   que   tenía   noventa,   por   ejemplo,   escribió   cincuenta;
She   that   had   ninety   for   example   wrote   fifty

la   de   sesenta,   treinta   y   cinco,   etc.
her   of   seventy   thirty   and   five   etc

                       thirty five

Recibió el picarón las nuevas cédulas y luego sacó
Received the rogue the new forms and then took out

las del día anterior. Había dicho que las había
them of the day before (He) had said that them (he) had

perdido pero no era verdad. Comparó las nuevas
lost but not (it) was true (He) compared the new

cédulas con las otras y dijo:
forms with the others and said

- Ahora bien, señoras mías; ya tienen Ustedes lo
Now well ladies (of) mine already have you that

que les prometí; ya todas se han remozado.
what you (I) promised already all themselves have rejuvenated

Usted tenía ayer noventa años, ahora tiene
You had yesterday ninety years now (you) have

cincuenta; Usted ayer cincuenta, hoy
fifty You yesterday fifty today

treinta y cinco.
thirty and five
thirty five

Hablando así las despachó a todas tan corridas
Talking thus them (he) sent away and all as hurriedly

como puede suponerse.
as (one) can suppose oneself

17

EL TESTAMENTO

EL TESTAMENTO
The Testament

Cierto lugareño estaba a punto de morir. No
(A) Certain local was at (the) point of to die Not
(villager)

era muy rico. Sólo tenía un perro y un caballo.
(he) was very rich Only (he) had a dog and a horse

No tenía hijos pero tenía una mujer.
Not (he) had sons but (he) had a wife

Poco antes de morir, llamó a su mujer y le dijo:
Little before of to die (he) called to his wife and her said

- Ya sabes que voy a morir. No te he
Already (you) know that (I) go to die Not you (I) have

olvidado en mi testamento; pero no soy rico y no
forgotten in my testament but not (I) am rich and not

tengo más bienes que un perro y un caballo.
(I) have more goods than a dog and a horse

- Yo apreciaré tu recuerdo, marido mío, - dijo la
I will appreciate your memory husband (of) mine said the

mujer llorando.
wife crying

\- **Después de mi muerte,** \- **continuó el marido,** \-
After of my death — continued the husband

debes vender el caballo y entregar el dinero a
(you) must sell the horse and hand over the money to

mis parientes.
my parents

\- **¡Cómo! ¿debo entregar el dinero a tus parientes?**
How (I) must hand over the money to your parents

\- **Sí; pero espera. Te regalo generosamente el perro.**
Yes but wait You (I) give generously the dog

Puedes venderlo, si quieres, o puedes conservarlo para
(You) can sell it if (you) want or (you) can keep it for

guardar la casa. Es un animal fiel. Te servirá
to guard the house (It) is an animal faithful You (it) will serve

de gran consuelo.
of great consolation
(as)

El lugareño se murió. La mujer quería obedecer a
The local himself died The woman wanted to obey to
(villager)

su marido. Una mañana cogió el caballo y el
her husband One morning (she) grabbed the horse and the

perro y los llevó a la feria.
dog and them took to the fair
(market)

- ¿Cuánto quiere Usted por ese caballo? preguntó un
  How much / want / you / for / this / horse / asked / a

hombre.
man

- Quiero vender el caballo y el perro juntos, -
  (I) want / to sell / the / horse / and / the / hond / together

respondió la mujer. - Quiero por el perro
answered / the / woman / (I) want / for / the / dog

cien duros y por el caballo diez reales.
(a) hundred / pieces of 5 {500 pesetas} / and / for / the / horse / ten / 25 cent pieces {2 peseta 50 cents}

- Acepto, - dijo el hombre, - porque el precio de
  (I) accept / said / the / man / because / the / price / of

los dos juntos es razonable.
the / two / together / is / reasonable

La buena mujer dió a los parientes de su marido
The / good / woman / gave / to / the / parents / of / her / husband

los diez reales que recibió por el caballo y
the / ten / 25 cent pieces / that / (she) received / for / the / horse / and

conservó los cien duros que recibió por el
kept / the / hundred / pieces of 5 {5 peseta coin} / that / (she) received / for / the

perro. Así obedeció a su marido.
dog / Thus / obeyed (she) / to / her / husband

20

EL COMPETIDOR

EL   COMPETIDOR
The   Competitor

Un	día	a	eso	de	las	seis	de	la	tarde	llegó	a
One	day	to	that	of	the	six	of	the	afternoon	arrived	at

at about

una	posada	un	hombre.	Se	sentó	y	demandó:
an	inn	a	man	Himself	(he) seated	and	demanded

-	¿Puedo	obtener	que	comer	por	mi	dinero?
	Can (I)	obtain	what	to eat	for	my	money

something

El	posadero,	hombre	muy	cortés	y	oficioso,	replicó
The	innkeeper	(a) man	very	courteous	and	officious	replied

con	una	reverencia	profunda:
with	a	reverence	profound

-	Sin	duda,	señor;	mande	Vd.	lo	que	desee,	y
	Without	doubt	sir	order	you	that	what	(you) desire	and

contentaré	a	Vd.	-	Y	a	la	verdad,	no	era	mala	la
(I) will satisfy	to	you		And	at	the	truth	not	was	bad	the

cena.	Mientras	comía	con	mucho	gusto,	el	posadero
dinner	While	(he) ate	with	much	pleasure	the	innkeeper

preguntó	al	huésped:
asked	to the	guest

- ¿Acaso le gustará a Vd. una botella de vino?
  Maybe / -to you- {formal} / will please / to / you / a / bottle / of / wine

- Me conviene si puedo obtener algo bueno por
  Me / (it) convenes, it suits me / if / (I) can / obtain / something / good / for

mi dinero, - repuso el hombre. Concluida la cena,
my / money / responded / the / man / Finished / the / dinner

sirvió el café el posadero y demandó otra vez:
served / the / coffee / the / innkeeper / and / demanded / (an)other / time

- ¿Sin duda le gustará a Vd. un excelente
  Without / doubt / -to you- {formal} / will please / to / you / an / excellent

tabaco?
tobacco

- A mí me gusta todo, si puedo obtener algo
  To / me / me / pleases / everything / if / (I) can / obtain / something

bueno por mi dinero, - fué la contestación. Al fin
good / for / my / money / was / the / answer / At the / end

el posadero presentó la cuenta que ascendió a cinco
the / innkeeper / presented / the / bill / that / ascended / to / five

pesetas. Sin examinarla ni mirarla el hombre
pesetas / Without / examining it / nor / looking at it / the / man

entregó al posadero una vieja pieza de cinco
handed over / to the / innkeeper / an / old / coin / of / five

centavos. Éste la rechazó preguntando con cólera:
cents / This / it / refused / asking / with / anger

22

- ¿Qué quiere decir esto? Vd. ha ordenado las
  What wants to say this You have ordered the
  means

mejores cosas. Vale tres pesetas la cena, una peseta
best things Is worth three pesetas the dinner one peseta

el vino y otra peseta los tabacos.
the wine and (an)other peseta the tobaccos
(tobacco)

- Yo no he mandado nada, - repuso el hombre. -
  I not have ordered nothing responded the man

He pedido que comer por mi dinero, y esta
(I) have asked something to eat for my money and this

pieza es todo el dinero que tengo.
piece is all the money that (I) have

Estaba el posadero para ponerse muy colérico,
Was the innkeeper (about) to put himself very angry
                              (become)

cuando se le ocurrió una buena idea.
when itself to him occurred a good idea

- Amigo, - dijo con una sonrisa muy fina, -
  Friend (he) said with a smile very delicate

ya no hablaremos más de eso. No me pagará Vd.
anymore not (we) will talk more of that Not me will pay you

nada. Le presento a Vd. graciosamente la cena,
nothing -To you- (I) present to you graciously the dinner
(anything) {formal}

el vino y los tabacos. Además, tome Vd. este billete
the wine and the tobaccos Moreover take you this note

de (of) **diez** (ten) **pesetas,** (pesetas) **si** (if) **quiere** ((you) want) **hacerme** (to do me) **un** (a) **gran** (great) **favor.** (favor)

Dos (Two) **calles** (streets) **más** (more) **arriba** (up) **está** (is) **la** (the) **posada** (inn) **del** (of the) **León** (Lion) **de** (of)

Oro, (Gold) **cuyo** (whose) **amo** (owner) **es** (is) **mi** (my) **competidor.** (competitor) **Vaya** (Go) **Vd.** (~~you~~) **al** (to the) **León** (Lion)

de (of) **Oro,** (Oro) **y** (and) **haga** (make) **la** (the) **misma** (same) **calaverada.** (prank)

Tomó ((He) took) **el** (the) **dinero,** (money) **se** (to himself) **lo** (it) **metió** ((he) put) **en** (in) **el** (the) **bolsillo** (pocket) **y** (and)

se (himself) **despidió** (dismissed) **el** (the) **huésped.** (guest) **Llegado** (Arrived) **a** (at) **la** (the) **puerta** (door) **se** (himself)

volvió ((he) turned) **y** (and) **dijo** ((he) said) **con** (with) **burla** (mockery) **mal** (badly) **disimulada:** (hidden)

- **Muchas** (Many) **gracias** (thanks) **y** (and) **buenas** (good) **noches.** (nights (night)) **Pero** (But) **es** ((it) is) **su** (your)

competidor (competitor) **de** (~~of~~) **Vd.** (~~you~~) **quien** (who) **me** (me) **ha** (has) **hecho** (made) **venir** (come) **aquí.** (here)

24

EL ESTUDIANTE DE SALAMANCA

EL   ESTUDIANTE   DE   SALAMANCA
The   Student   Of   Salamanca

Un   estudiante   volvía   desde   Salamanca   para   su   tierra
A   student   returned   from   Salamanca   to   his   earth
                                                                  (home)

después   de   haber   concluido   su   curso.   Llevaba   poco
after   of   to have   concluded   his   course   (He) carried   little

dinero,   y   así   en   todas   las   posadas   ajustaba   su
money   and   so   in   all   the   inns   (he) adjusted   his
                                                    (was thrifty with)

bolsa   con   la   huéspeda,   para   que   no   se   le
wallet   with   the   hostess   for   that   not   himself   him
                  (innkeeper)

acabase   antes   de   concluir   su   viaje.   La   economía   de
(he) finished   before   of   to conclude   his   trip   The   economy   of

que   usaba   era   suma.   Sucedió   que   iba   a   pasar
that   (he) used   was   sum   (It) happened   that   (he) went   to   pass
                     (high)

la   noche   en   una   posada   donde   la   huéspeda   era
the   night   in   an   inn   where   the   hostess   was
                                        (innkeeper)

mujer   de   lindo   entendimiento,   lindo   modo   y
(a) woman   of   beautiful   understanding   beautiful   manner   and

mucho   agrado.   Ella   le   preguntó   qué   quería   cenar.
much   pleasantness   She   him   asked   what   (he) wanted   to eat

Respondió   que   quería   un   par   de   huevos.
(He) responded   that   (he) wanted   a   pair   of   eggs

- ¿Nada más, señor licenciado? - dijo la huéspeda. El
Nothing more sir graduate said the hostess The

estudiante contestó: - Me basta, pues yo ceno
student answered (For) me (it is) enough since I dine

poco.
(with) little

Trajéronle los huevos. Mientras comía, la huéspeda
(They) brought him the eggs While (he) ate the hostess (innkeeper)

le propuso unas truchas muy buenas que tenía. El
him proposed some trouts very good that (she) had The

estudiante resistía a la tentación.
student resisted to the temptation

- Mire Vd., señor licenciado, - dijo ella - que son
Look you sir graduate said she that (they) are

excelentísimas, porque tienen las cuatro efes.
very excellent because (they) have the four F's

- ¿Qué quiere decir eso, las cuatro efes?
What wants to say that the four F's

- ¿Pues no sabe Vd. que las truchas han de tener
Then not know you that the trouts have of to have
must have

las cuatro efes para ser magníficas?
the four F's for to be magnifique

26

- Nunca he oído tal cosa, - repuso el estudiante
  Never have (I) heard such thing responded the student

- y quisiera saber qué cuatro efes son ésas. ¿Qué
  and (I) would like to know what four F's are those What

significa este enigma?
means this enigma

- Yo se lo diré, señor, - respondió la huéspeda.
  I itself it (you) will tell sir answered the hostess
  (innkeeper)

- Quiere decir, que las truchas más sabrosas son las
  (It) wants to say that the trouts most tasty are those

que tienen las cuatro circunstancias de Frescas, Frías,
that have the four circumstances of fresh cold
(properties)

Fritas y Fragosas.
fried and rough

A esto replicó el estudiante: - Ahora comprendo. Pero,
At this answered the student Now (I) understand But

señora, si las truchas no tienen otra efe más, no
lady if the trouts not have other F more not

sirven nada para mí.
(they) serve not for me
(they are of use)

- ¿Qué otra efe más es ésa?
  What other F more is that

- Señora, que sean Fiadas; porque en mi bolsa no
  Lady / that / (they) are / Guaranteed (on credit) / because / in / my / bag / not

hay con que pagarlas por ahora.
  has (there is) / with / that / to pay them / for / now

La agudeza del estudiante agradó tanto a la
  The / acuity (pointedness) / of the / student / pleased / so much / to / the

huéspeda, que no sólo le presentó las truchas
  hostess (innkeeper) / that / not / only / him / presented / the / trouts

graciosamente, sino también le llenó la alforja para
  graciously / but / also / him / filled / the / saddlebag / for

lo que le restaba de camino.
  it / that / him / remained / of / road

EL ESTUDIANTE JUICIOSO

EL ESTUDIANTE JUICIOSO
The — Student — Judicious (Wise)

Caminaban juntos y a pie dos estudiantes desde
Walked — together — and — on — foot — two — students — from

Peñafiel a Salamanca. Sintiéndose cansados y
Penafiel — to — Salamanca — Feeling themselves — tired — and

teniendo sed se sentaron junto a una fuente
having — thirst — themselves — seated / went to sit — together — at — a — fountain

que estaba en el camino. Después de haber
that — was — in — the — road — After — of — to have

descansado y mitigado la sed, observaron por
rested — and — mitigated (quenched) — the — thirst — observed — by

casualidad una piedra que se parecía a una lápida
chance — a — stone — that — itself — seemed — to — a — stone

sepulcral. Sobre ella había unas letras medio
sepulchral — On — it — had (there were) — some — letters — half

borradas por el tiempo y por las pisadas del
erased — for — the — time — and — for — the — steps — of the

ganado que venía a beber a la fuente.
cattle — that — came — to — drink — at — the — fountain

Picóles la curiosidad, y lavando la piedra con
Peaked them / They were very curious — the — curiosity — and — washing — the — stone — with

agua, pudieron leer estas palabras:
water — (they) could — read — these — words

29

'Aquí está enterrada el alma del licenciado Pedro
Here is buried the soul of the graduate Pedro
(student)

García.'
Garcia

El menor de los estudiantes, que era un poco
The young one of the students, that was a bit
(who)

atolondrado, leyó la inscripción y exclamó riéndose:
stupid read the inscription and exclaimed laughing himself

- ¡Gracioso disparate! Aquí está enterrada el alma.
Gracious nonsense Here is buried the soul

¿Pues una alma puede enterrarse? ¡Qué ridículo
Then a soul can be buried What ridiculous

epitafio!
epitaph

Diciendo esto se levantó para irse. Su
Saying this himself (he) rose for to go himself His

compañero que era más juicioso y reflexivo, dijo para
companion that was more wise and reflexive said to
(who)

sí:
himself

30

- Aquí hay misterio, y no me apartaré de este
Here has mystery and not me (I) will move from this
(there is)

sitio hasta haberlo averiguado.
site until to have it verified
(place)

Dejó partir al otro, y sin perder el tiempo,
(He) let leave to the other and without to lose the time

sacó un cuchillo, y comenzó a socavar la tierra
pulled out a knife and started to excavate the earth

alrededor de la lápida, hasta que logró levantarla.
around of the stone until that (he) managed to lift her
(to lift it)

Encontró debajo de ella una bolsa. La abrió, y
(He) encountered under of her a sack Her opened and
(It)

halló en ella cien ducados con un papel sobre el
found in her hundred ducats with a paper on it

cual había estas palabras en latín:
which had these words in Latin

"Te declaro por heredero mío a tí, cualquiera que
You (I) declare for heir mine to you which ever that
(as)

seas, que has tenido ingenio para entender el
(you) be that has kept sense for to understand the

verdadero sentido de la inscripción. Pero te encargo
true meaning of the inscription But you (I) order

que	uses	de	este	dinero	mejor	de	lo	que	yo	he
that	(you) use	of	this	money	better	of	it	than	I	have
							than that			

usado	de	él."
used	of	it
(made use)		

Alegre	el	estudiante	con	este	descubrimiento,	volvió	a
Happy	the	student	with	this	discovery	returned	to

poner	la	lápida	como	antes	estaba,	y	prosiguió	su
put	the	stone	as	before	(it) was	and	continued	his

camino	a	Salamanca,	llevándose	el	alma	del
road	to	Salamanca	taking with himself	the	soul	of the

licenciado.
graduate

EL PERRO DEL VENTRÍLOCUO

EL	PERRO	DEL	VENTRÍLOCUO
The	Dog	Of The	Ventriloquist

Entró	una	vez	en	una	fonda	un	ventrílocuo
Entered	one	time	in	an	inn	a	ventriloquist

acompañado	de	su	hermoso	y	muy	inteligente	perro.
accompanied	of (by)	his	beautiful	and	very	intelligent	dog

Se	sentó	a	una	mesa,	llamó	al	mozo	y	dijo:
Himself	(he) sat	at	a	table	called	to the	boy (waiter)	and	said

- Tráigame Vd. un biftec.
  Bring me / you / a / steak

Estaba	ya	al	punto	de	irse	el	mozo	para
Was	already	at the	point	of	to go ~~himself~~	the	boy	to

ejecutar	la	orden,	cuando	se	detuvo	pasmado.
execute	the	order	when	himself	(he) stopped	stunned

Oyó	distintamente	que	dijo	el	perro:
(He) heard	distinctly	that	said	the	dog

- Tráigame a mí también un biftec.
  Bring me / to me / also / a / steak

33

Estaba (Was) **sentado** (seated) **a** (at) **la** (the) **misma** (same) **mesa** (table) **en** (in) **frente** (front) **al** (at the (of the))

ventrílocuo (ventriloquist) **un** (a) **ricazo** (rich dude) **que** (that) **tenía** (had) **más** (more) **dinero** (money) **que** (than)

inteligencia. (intelligence) **Éste** (This (one)) **dejó** (let) **caer** (fall) **el** (the) **tenedor** (fork) **y** (and) **el** (the)

cuchillo (spoon) **y** (and) **miró** (looked) **al** (at the) **perro** (dog) **maravilloso.** ((of) wonder)

Mientras (While) **tanto** (so much / Meanwhile) **había** (had) **vuelto** (turned) **el** (the) **mozo.** (boy) **Puso** ((He) set) **un** (a) **biftec** (steak)

sobre (on) **la** (the) **mesa** (table) **delante** (in front) **del** (of the) **dueño,** (owner) **y** (and) **el** (the) **otro** (other) **en** (on) **el** (the)

suelo (ground) **delante** (in front) **del** (of the) **perro.** (dog) **Sin** (Without) **hacer** (to make) **caso** (case) **del** (of the)

asombro (surprise) **general,** (generic) **hombre** (man) **y** (and) **perro** (dog) **comieron** (ate) **con** (with) **buen** (good)

apetito. (appetite) **Después** (After) **dijo** (said) **el** (the) **dueño:** (owner)

- **Mozo,** (Boy) **tráigame** (bring me) **Vd.** (you) **un** (a) **vaso** (glass) **de** (of) **vino.** (wine) - **Y** (And) **añadió** (added)

el (the) **perro:** (dog) - **Tráigame** (Bring me) **a** (to) **mí** (me) **un** (a) **vaso** (glass) **de** (of) **agua.** (water)

En esto todos en la sala cesaron de comer, y
On this everyone in the hall stopped of to eat and

se pusieron a observar esta escena extraordinaria.
themselves set to observe this scene extraordinary
started

Volviéndose al ventrílocuo preguntó el ricazo:
Returning himself to the ventriloquist asked the rich guy

- ¿Quiere Vd. vender este perro? Nunca he visto
Want you sell this dog Never (I) have seen

animal tan inteligente.
(an) animal so intelligent

Pero el amo contestó:
But the owner answered

- Este perro no se vende. Es mi mejor amigo, y
This dog not itself sells (It) is my best friend and
is for sale

no podemos vivir el uno sin el otro.
not (we) can live the one without the other

Apenas hubo concluido éste, cuando dijo el perro:
Hardly had concluded this when said the dog

- Es verdad lo que dice mi amo. No quiero que
(It) is / true / that / what / says / my / master / Not / (I) want / that

me venda.
me / (you) sell

Entonces el ricazo sacó la bolsa, y poniendo sobre
Then / the / rich guy / took out / the / bag / and / putting / on

la mesa un billete de quinientos duros sin decir
the / table / a / ticket / of / five hundred / pieces of five / without / to say

palabra, dirigió al ventrílocuo una mirada
(a) word / directed / to the / ventriloquist / a / look

interrogativa.
interrogative
(questioning)

- A fe mía, - dijo éste, - esto ya es otro
To / faith / mine / said / this (one) / this / already / is / (an)other

cantar. Veo ahora que puede hablar también el
singing / (I) see / now / that / can / talk / also / the

dinero. Es de Vd. el perro.
money / Is / from / you / the / dog

Después de haber concluido la comida el ricazo, muy
After / ~~of~~ / to have / concluded / the / food / the / rich dude / very

alegre y ufano, partió con el animal, que al
happy / and / proud / left / with / the / animal / that / at the

36

momento	de	salir	pronunció	con	voz	casi	ahogada	de
moment	of	to exit	pronounced	with	voice	almost	choked	of

disgusto	y	de	cólera	estas	palabras:
disgust	and	of	anger	these	words

-	Miserable,	me	ha	vendido	Vd.	Pero	juro	por
	Miserable (one)	me	have	sold	you	But	(I) swear	for

todos	los	santos,	que	en	toda	mi	vida	no	diré
all	the	saints	that	in	all	my	life	not	(I) will say

otra	palabra.
(an) other	word

LAS METAMORFOSIS DEL PICAPEDRERO

LAS	METAMORFOSIS	DEL	PICAPEDRERO
The	Metamorphosis	of the	Stone cutter

Había	una	vez	un	hombre	que	cortaba	piedras	de
Had	one	time	a	man	that	cut	stones	of
(There was)								

una	roca.	Su	trabajo	era	largo	y	penoso,	y	muy
a	rock	His	work	was	long	and	painful	and	very
							(laborious)		

mezquino	en	su	salario,	por	lo	que	suspiraba
mean	in	his	salary	for	it	that	(he) sighed
(petty)							

tristemente.	Un	día,	cansado	de	su	ruda	tarea,
very sad	One	day	tired	of	his	rough	task

exclamó:
exclaimed

-	¡Oh!	¿Por	qué	no	seré	yo	bastante	rico	para	pasar
	Oh	for	what	not	will be	I	enough	rich	for	to pass

la	vida	tumbado	sobre	un	blando	lecho,	provisto	de
the	life	tumbled	on	a	soft	bed	furnished	of
								(with)

cortinas	que	me	libren	de	los	mosquitos?
curtains	that	me	free	of	the	mosquitos

Entonces	un	ángel	descendió	del	Cielo	y	le	dijo:
Then	an	angel	descended	from the	Heaven	and	him	said

- Que tu deseo sea satisfecho.
That you desire be satisfied
(fulfilled)

Y el hombre fue rico, y reposaba en blando lecho,
And the man was rich and rested in soft bedding

provisto de cortinas de seda roja. Pero he aquí
furnished of curtains of silk red But (I) have here
(with) (I) hear

que el Rey de aquel país llega en su magnífica
that the king of that country arrives in his magnificent

carroza, precedido y seguido de lujosos caballeros y
coach preceded and followed of luxury knights and
(by) (fancy)

rodeado de servidores que sostienen una sombrilla de
surrounded of servants that hold up a parasol of
(by)

oro sobre su cabeza.
gold over his head

El rico se sintió entristecido por este
The rich (man) himself felt saddened by this

espectáculo y dijo suspirando:
spectacle and said sighing

- ¡Oh, si yo pudiera ser rey!
Oh if I could be king

Y el ángel descendió del Cielo, y le dijo:
And the angel descended from the Heaven and him said

- ¡Que tu deseo sea satisfecho!
  That your desire be satisfied
  (fulfilled)

El hombre fue Rey y se paseaba en una
The man was king and himself paraded in a

magnífica carroza precedida y seguida de lujosos
magnificent coach preceded and followed of luxury
(fancy)

caballeros, y le rodeaban servidores que sostenían
knights and him surrounded servants that supported

sobre su cabeza la sombrilla de oro.
over his head the parasol of gold

El Sol brillaba de tal modo que sus rayos quemaban
The sun burned of such manner that its rays burned

la hierba. El Rey se abrasaba de calor y decía
the grass The king himself parched of heat and said

que quería ser cómo el hermoso astro.
that (he) wanted to be like the beautiful star

Y el ángel descendiendo del Cielo le dijo:
And the angel descending from the Heaven him said

- ¡Que tu deseo sea satisfecho!
  That your desire be satisfied

Y el Rey fue transformado en Sol, y sus rayos
And the king was transformed in sun and his rays

se derramaban sobre la tierra, abrasando las
itself shed over the earth searing the
were shed

hierbecillas y haciendo brotar el sudor del rostro
grass sprouts and making burst forth the sweat of the face
(on the)

de los Reyes. Pero una nube se eleva en los aires
of the kings But a cloud itself rose in the airs
(sky)

y tapa su luz. El Sol se irrita al ver su
and covered his light The sun himself annoyed at the to see his
to see
to see

poder menospreciado y grita que se cambiaría
power undervalued and shouted that himself (he) would change

por la nube.
for the cloud

Y el ángel desciende del Cielo y le dice:
And the angel descended from the Heaven and him said

- ¡Que tu deseo sea satisfecho!
That your desire be satisfied

Y el Sol se convierte en nube que sombra a la
And the sun itself converted in cloud that shaded to the

tierra, y las hierbecillas reverdecen.
earth and the grass sprouts became green again

Y la nube se abrió y de sus flancos corrieron
And the cloud itself opened and from its flancs ran

torrentes de agua que inundaron los valles, devastaron
streams of water that flooded the vallies devastated

las mieses y ahogaron las bestias; pero nada
the grains and drowned the beasts but nothing

podían contra una roca, a pesar de embestirla el
(they) could (do) against a rock at weight of to savage it the
                                    although

oleaje por todos lados.
surf by all sides
(waves)

Entonces gritó la nube:
Then shouted the cloud

- Esa roca es más poderosa que yo; quisiera ser
That rock is more powerful than I (I) would like to be
                                    (me)

roca.
rock

Y el ángel desciende del Cielo y le dice:
And the angel descended from the Heaven and him said

- ¡Que tu deseo sea satisfecho!
That your desire be satisfied

42

Y la nube fue convertida en roca, y ni el
And the cloud was converted in rock and neither the

ardor del Sol, ni la violencia de las lluvias podían
burning of the sun nor the violence of the rains could

conmoverla. Pero llega un obrero que comienza a
move it But arrived a worker that started to
(affect it)

golpearla, haciéndola pedazos con su martillo, y la
hit it making it (to) pieces with his hammer and the

roca exclama:
rock exclaimed

- Este obrero es más poderoso que yo; ¡Quisiera ser
This worker is more powerful than I (I) would like to be

este obrero!
this worker

Y el ángel desciende del Cielo y le dice:
And the angel descended from the Heaven and him said

- ¡Que tu deseo sea satisfecho!
That your desire be satisfied

Y el pobre hombre, transformado tantas veces, vuelve
And the poor man Transformed so many times returned

a ser el picapedrero que trabaja rudamente por un
to be the stone cutter that worked roughly for a

43

mezquino salario y vive al día contento con su
petty salary and live to the day content with his
(to this)

suerte.
fate

BUENA GANGA

BUENA   GANGA
Good   Bargain

Una mañana entró un caballero en la tienda de un
One morning entered a gentleman in the shop of a

prendero.
taker
(pawn shop)

Él sacó un cuadro y dijo con cortesía:
He took out a painting and said with courtesy

- Voy ahora a la oficina. ¿Hará Usted el favor de
(I) go now to the office Will do you the favor of

guardarme este cuadro? Lo recogeré por la tarde
to guard for me this painting It (I) will pick up by the afternoon

cuando vuelva a casa.
when (I) return to house
home

- Con mucho gusto, caballero, - respondió el prendero.
With much pleasure sir responded the pawner

- Espero que no lo toque nadie, porque es un
  (I) expect that not it touches no one because (it) is a

cuadro de gran valor. Mi abuelo lo compró
painting of great value. My grandfather it bought

hace muchos años y lo apreciamos mucho.
(it) does many years and it (we) appreciate a lot
          many years ago

El prendero examinó el cuadro, luego empezó a
The pawner examined the painting then started to

arreglar sus muebles. Después de una hora se
arrange his furniture After ~~of~~ one hour itself

presentó otro caballero. Quería comprar una mesa
presented (an)other gentleman (He) wanted to buy a table

y algunas sillas. No le gustaron los muebles
and some chairs Not him pleased the pieces of furniture

pero antes de marcharse vio el cuadro. Lo
but before ~~of~~ to march himself (he) saw the painting It
                  (going away)

examinó con cuidado y luego preguntó el precio.
(he) examined with attention and after asked the price

- No puedo venderlo, - contestó el prendero - - -
  Not (I) can sell it - answered the pawner

no es mío.
not (it) is mine

El caballero lo volvió a examinar y dijo:
The gentleman it returned to examine and said

- Le ofrezco cien duros además del precio
  You (I) offer (a) hundred duros above of the price
  {5 peseta pieces}

del cuadro si quiere Usted venderlo.
of the painting if want you to sell it
           you want

- Ya he dicho que no puedo venderlo, pues no
  Already (I) have said that not (I) can sell it, because not

es mío.
(it) is mine

El caballero se marchó y después de algunos
The gentleman himself marched and after of some
            went away

minutos volvió con otro hombre. Dijo que éste
minutes returned with (an) other man. (He) said that this (one)

era pintor.
was painter

Los dos hombres examinaron el cuadro con cuidado,
The two men examined the painting with care

hablaron en secreto algunos minutos y después el
talked in secret (for) some minutes and after the

comprador dijo al prendero:
buyer said to the pawner

47

- Doy cuarenta mil reales por el cuadro y
(I) give / forty / thousand / 25 cent coins / for / the / painting / and

cuatro mil reales para Usted, si quiere
four / thoused / 25 cent coins / for / you / if / (you) want

venderlo.
to sell it

- Caballero, - dijo el prendero- si quiere Usted volver
Sir / said / the / pawner / if / want / you / to return

mañana, tal vez pueda yo vender el cuadro; pero
tomorrow / such time maybe / can / I / sell / the / painting / but

ahora no puedo prometer nada.
now / not / (I) can / promise / nothing

Cuando se marcharon los dos, el prendero
When / themselves / march / the / two / the / pawner

escondió el cuadro. A las cuatro de la tarde
hid / the / painting / At / the / four / of / the / afternoon

volvió el dueño.
returned / the / master

- ¿En dónde está mi cuadro?
In / where / is / my / painting

- Tengo que hablar con Usted.
(I) have / to / talk / with / you

48

- Bien, hable Usted, pero tengo prisa y quiero el
  Well talk   you   but (I) have haste and (I) want the

cuadro.
painting

¿Dónde está?
Where (is) it

- ¿Quiere Usted venderlo?
  Want   you   sell it

- No, señor.
  No   sir

- Le doy cien duros por él.
  You (I) give (a) hundred 5 peseta coins for it

- No quiero venderlo.
  Not (I) want to sell it

- Doscientos.
  Two hundred

- Nada.
  Nothing

\- Quinientos.
  Five hundred

\- Nada, nada.
  Nothing nothing

\- ¿Quiere Usted mil?
  Want you (a) thousand

\- No, señor.
  No sir

\- Pues debo confesar la verdad. Me han
  Then (I) must confess the truth (Of) Me (they) have

robado el cuadro y no puedo devolvérselo.
robbed the painting and not (I) can return it to you

\- ¡Desgraciado de Usted! ¿Qué ha hecho? - dijo
  Disgraced (person) of you What have (you) done said
  You disgraced one

el caballero. - ¿Sabe Usted que es un cuadro que
the gentleman Know you that (it) is a painting that

vale diez mil duros?
is worth ten thousand pieces of 5

- ¡Pobre de mí! haga Usted lo que quiera, pero no
  Poor ~~of~~ me do you it what (you) want but not

puedo darle el cuadro; me lo han robado.
(I) can give you the painting (of) me it (they) have robbed

El caballero se dejó caer en una silla desesperado.
The gentleman himself let fall in a chair desperately

Después de algunos minutos, dijo: - ¿Cuánto dinero
After of some minutes (he) said How much money

puede Usted darme?
can you give me

- Mil quinientos duros. No tengo más, aunque
  (A) thousand five hundred pieces of 5 Not (I) have more even if

me lleve a la cárcel.
me (you) take to the jail

- No, no quiero hacer eso. Si me da Usted ese
  No not (I) want to do that If me give you that

dinero estaré satisfecho.
money (I) will be satisfied

El prendero pagó y escondió el cuadro en la
The pawner paid and hid the painting in the

tienda, esperando al comprador.
shop waiting to the buyer

Pasó un día, una semana, un mes y no pareció.
Passed a day a week a month and not (he) appeared

Entonces llamó a un pintor amigo, y le dijo:
Then (he) called to a painter friend and him said

- ¿Qué le parece a Usted este cuadro?
What you seems to you this painting
{formal}

- Hombre, no es malo.
Man not (it) is bad

- ¿Lo quiere Usted comprar?
It want you to buy

- No, señor.
No sir

- ¿Cuánto vale?
How much is it worth

- Ya sabe Usted, señor Juan, que los cuadros están
  Already know you mr Juan that the paintings are

muy baratos.
very cheap

- Pues bien, dándolo barato.
  Then well giving it cheap

- Hombre, si le dan a Usted cuarenta reales, no
  Man if you (they) give to you forty reales not

será Usted mal pagado.
will be you badly paid

- ¿Dice Usted cuarenta o cuarenta mil?
  Say you forty or forty thousand

- Cuarenta, señor Juan, cuarenta, y es mucho.
  Forty mr Juan forty and (it) is a lot

- ¡Ah! ¡me he perdido! ¡ladrones! ¡infames ladrones!
  Ah myself (I) have lost thieves infamous thieves
                                        (villainous)

Después de esto ¿quién quiere comprar gangas?
After of this who wants to buy bargains

EL PERAL

EL PERAL
The Pear Tree

Recuerdo que a la salida de mi pueblo había un
(I) remember that at the exit of my village had a
(there was)

hermosísimo peral que daba gusto verle,
very beautiful pear tree that gave pleasure to see it

particularmente a la entrada de la primavera. No
particularly at the entry of the Spring Not
(start)

lejos hallábase situada la casa del dueño, y allá
far found itself situated the house of the owner and there

vivía Dolores, novia mía.
lived Dolores fiancee (of) mine

Tenía mi novia apenas diez y nueve años, y era
Had my fiancee hardly ten and nine years and was
My fiancee was nineteen years old

una niña muy hermosa. Sus mejillas se parecían a
a child very beautiful Her cheeks itself looked like to

las flores del peral. En la primavera y allí, bajo
the flowers of the pear tree In the Spring and there under

aquel árbol, fué donde yo le dije a ella:
that tree (it) was where I her said to her

- Dolores mía, ¿cuándo celebraremos nuestras bodas?
  Dolores / mine / when / (we) will celebrate / our / marriages

Todo en ella sonreía: sus hermosos cabellos con los
All / in / her / smiled / her / beautiful / hair / with / the

cuales jugaba el viento, el talle de diosa, el
which / played / the / wind / the / waist / of / (a) Goddess / the

desnudo pie aprisionado en pequeños zapatos, las
bare / foot / imprisoned / in / small / shoes / the

lindas manecitas que atraían hacia sí la colgante
beautiful / little hands / that / pulled / towards / herself / the / hanging

rama para aspirar las flores, la pura frente, los
branch / to / breathe in / the / flowers / the / pure / front / the

blancos dientes que asomaban entre sus labios rojos, -
white / teeth / that / showed / between / her / lips / red

todo en ella era bello. ¡Ah, cuánto la amaba! A
all / in / her / was / beautiful / Ah / how much / her / (I) loved / To

mi pregunta contestó con un rubor que la hacía
my / answer / (she) answered / with / a / blush / that / her / made

mas encantadora todavía:
more / enchanting / even

55

- Cuando empieza la próxima cosecha nos casaremos,
  When starts the next harvest us (we) will marry

si es que no te toca ir al servicio del
if (it) is that not yourself (it) touches to go to the service of the
                    you don't have

rey.
king

Llegó la época de las quintas. Llegó mi turno y
Arrived the epoch of the fifth Arrived my turn and
            (time)   {army lottery}

saqué el número más alto. Pero Vicente, mi mejor
(I) pulled the number most high But Vicente, my best

amigo, tuvo la mala suerte de salir de soldado. Le
friend had the bad luck of to exit of soldier Him
                              to have to become soldier

hallé llorando y diciendo:
(I) found crying and saying

- ¡Madre mía, mi pobre madre!
  Mother mine my poor mother

- Consuélate, Vicente, yo soy huérfano, y tu madre
  Console yourself Vicente, I am orphan, and your mother

te necesita. En tu lugar me marcharé yo.
you needs In your place me will march I

56

Cuando fuí a buscar a Dolores bajo el peral,
When · (I) went · to · search · ~~to~~ · Dolores · under · the · pear tree

encontréla con los ojos humedecidos de lágrimas.
(I) found her · with · the · eyes · wet · from · tears

Nunca la había visto llorar, y aquellas lágrimas me
Never · her · (I) had · seen · cry · and · those · tears · me

parecieron mucho más bellas que su adorable sonrisa.
seemed · much · more · beautiful · than · her · adorable · smile

Ella me dijo:
She · me · told

- **Has hecho muy bien; tienes un corazón de oro.**
  (You) have · done · very · well · (you) have · a · heart · of · gold

  Véte, Jaime de mi alma; yo esperaré tu regreso.
  Go yourself (Go) · Jaime {his name} · of · my · soul · I · will await · your · return

- **¡Paso redoblado! ¡Marchen!**
  Pass · doubled · Depart

Y de un tirón nos metimos casi en las narices
And · of · a · jerk · us · (we) put ourselves · almost · on · the · noses

del enemigo.
of the · enemy

- **¡Jaime, manténte firme y no seas cobarde!**
  Jaime · maintain yourself · firm · and · (do) not · be · (a) coward

Entre las densas nubes de humo negro que oprimían
Between the dense clouds of smoke black that oppressed

mi pecho descubrí las relucientes bocas de los
my breast (I) discovered the shimmering mouths of the

cañones enemigos, que clamaban a la vez,
canons (of the) enemies that clamored at the time / at once

produciendo grandes destrozos en nuestras filas. Por
producing great destructions in our ranks For

dondequiera que pasaba, se deslizaban mis pies
wherever that (I) passed ~~themselves~~ slipped my feet

en sangre aún caliente. Tuve miedo y miré atrás.
in blood still warm (I) Had fear and looked behind

Detrás estaba mi patria, el pueblo y el peral
Behind was my fatherland the village and the pear tree

cuyas flores se habían convertido en sabrosas frutas.
whose flowers itself had converted in tasty fruits

Cerré los ojos y vi a Dolores que rogaba a
(I) closed the eyes and looked at Dolores that prayed to

Dios por mí. No tuve ya miedo. ¡Héme aquí
God for me Not (I) had already (anymore) fear (I) have me here

hecho un valiente!
made a courageous (one)

- ¡Adelante!... ¡fuego!... ¡a la bayoneta!
Ahead fire to the bayonet

- ¡Bravo, valiente soldado! ¿Cómo te llamas?
  Bravo brave soldier How yourself (you) call

- Mi general, me llamo Jaime, para servir a vuestra
  My general me (I) call Jaime for to serve to your

señoría.
lordship

- Jaime, desde este momento eres capitán.
  Jaime from this moment (you) are captain

¡Dolores! Dolores querida, vas a estar orgullosa de
Dolores Dolores beloved (you) go to be proud of

mí. Habiendo terminado la campaña victoriosa para
me Having terminated the campaign victorious for

nosotros, pedí mi licencia. Henchido el pecho de
us (I) asked my license Puffed the breast of
(freedom) (with)

gratas ilusiones emprendí mi viaje. Y aunque la
pleasant illusions (I) undertook my journey And although the

distancia era larga mi esperanza la hizo corta. Ya
distance was great my hope her made short Already

casi he llegado. Allá abajo, trás de ese monte,
almost have arrived There down behind of that mountain

está mi país natal. Al pensar que pronto las
is my land of birth At the to think that soon the
At thinking

campanas repicarán por nuestra boda empiezo a
bells will ring for our wedding (I) begin to

59

correr. Ya descubro el campanario de la iglesia,
run Already (I) discover the bell-tower of the church

y me parece oír el repicar de las campanas.
and to me (it) seems to hear the ringing of the bells

En efecto, no me engaño. Ya estoy en el pueblo,
In effect not me (I) deceive Already (I) am in the village
(fact)

pero no veo el peral. Me fijo mejor, y noto que
but not see the pear tree Me (I) fix better and note that
(I look)

ha sido cortado, según parece, recientemente, pues
(it) has been cut down according to (it) seems recently since

en el suelo y en el sitio donde antes estaba
in the ground and in the site where before (it) was

aparecen algunas ramas y flores esparcidas aquí y
appear some branches and flowers scattered here and

allá. ¡Qué lástima! ¡Tenía tan hermosas flores! ¡He
there What pity (It) had such beautiful flowers! (I) have

pasado momentos tan felices cobijado en su sombra!
passed moments so happy sheltered in its shade

- ¿Por quién tocas, Mateo?
For whom (do you) play Mateo

- Por una boda, señor capitán.
For a wedding sir captain

60

Mateo ya no me conocía, sin duda.
Mateo / already / not / me / recognized / without / doubt

¿Una boda? Decía verdad. Los novios entran en
A / wedding / (He) told / (the) truth / The / couple to marry / enter / in

este momento en la iglesia. La prometida es-
this / moment / in / the / church / The / promised (girl) / is

Dolores, mi Dolores querida, más risueña y
Dolores / my / Dolores / beloved / More / smiling / and

encantadora que nunca. Vicente, mi mejor amigo, aquél
enchanting / than / never / Vicente / my / best / friend / the one
than ever

por quien me sacrifiqué, es el esposo afortunado. A
for / whom / me / (I) sacrificed / is / the / spouse / fortunate / At

mi alrededor oía decir:
my / around / (I) hear / say

- Serán felices, porque se aman.
(They) will be / happy / because / each other / (they) love

- Pero ¿y Jaime? - preguntaba yo.
But / and / Jaime / asked / I

- ¿Qué Jaime? - contestaban. Todos me habían olvidado.
What / Jaime / (they) answered / All / me / had / forgotten

Entré en la iglesia, me arrodillé en el sitio más
(I) entered / in / the / church / myself / kneeled / in / the / site / most

oscuro y apartado, y rogué a Dios me diera
dark / and / remote / and / prayed / to (that) / God / me / gave

fuerzas para no olvidarme de que era cristiano.
strengths (strength) / for / not / to forget myself / of / that / (I) was / (a) Christian
not I would start a fight

Hasta pude orar por ellos. Terminada la misa
Until / (I) was able / to pray / for / them / Finished / the / mass

me levanté, y dirigiéndome al lugar donde había
myself / (I) rose / and / directing myself / to the / place / where / had

estado el peral, recogí una de las flores que en
been / the / pear tree / (I) picked up / one / of / the / flowers / that / in

el suelo hallé, - flor ya marchita. Entonces
the / ground / (I) found / flower / already / withered / Then

emprendí mi camino sin volver la cabeza atrás.
(I) undertook / my / road / without / to turn / the / head / behind

- Ellos se aman. ¡Que sean muy dichosos! -
They / each other / loved / That / (they) will be / very / happy

pude aún decir.
(I) could / even / say

- ¿Ya estás de vuelta, Jaime?
Already / (you) are / of / return / Jaime

- Sí, mi general.
Yes / my / general

- Oye, Jaime. Tú tienes veinticinco años y eres
  Hear Jaime You have twenty five years and (you) are

capitán. Si quieres, te casaré con una condesa.
captain If (you) want you will marry with a contess

Saco de mi pecho la marchita flor del peral,
(I) took out of my breast the withered flower of the pear tree

y contesto:
and answered

- Mi general, mi corazón está como esta flor. Lo
  My general my heart is as this flower The

único que deseo es un puesto en el sitio de más
only (thing) that (I) desire is a post in the place of most

peligro para morir como soldado cristiano.
danger for to die as soldier Christian
         so I can die

Se me concede lo que solicito.
Itself me conceded that what (I) asked

A la salida del pueblo se levanta la tumba de un
At the exit of the village itself rises the tomb of a

coronel muerto a los veinticinco años en un día de
colonel died at the twenty five years in a day of

batalla.
battle

EL BARBERO DE LA CORUÑA

EL   BARBERO   DE   LA   CORUÑA
The   barber   of   the   crown

Un   día   llegó   a   una   fonda   de   la   Coruña   un   forastero
One   day   arrived   at   an   inn   of   the   crown   a   stranger

de   gran   talle,   corpulento   y   fuerte,   con   centellantes
of   great   size   corpulent   and   strong   with   sparkling

ojos   negros   y   rostro   cubierto   de   larga   y   espesa
eyes   black   and   face   covered   of   long   and   thick
black eyes   (with)

barba.   Su   vestido   negro   añadía   algo   de   siniestro   a
beard   His   dress   black   added   something   of   sinister   to

su   apariencia.
his   appearance

-   ¡Posadero!   -   gritó   en   voz   alta,   -
   Innkeeper   (he) shouted   in   voice   loud

tengo   mucha   hambre   y   me   estoy   muriendo   de   sed.
(I) have   much   hunger   and   ~~me~~   am   dying   of   thirst
I am very hungry

Tráigame   algo   que   comer   y   una   botella   de   vino.
Bring me   something   to   eat   and   a   bottle   of   wine

¡Pronto!
Fast

El posadero, medio espantado, corrió a la cocina, y
The innkeeper half frightened ran to the kitchen and

pocos minutos después sirvió una buena comida y
few minutes after served a good meal and

una botella de vino al extranjero. Este se
a bottle of wine to the stranger This (one) himself

sentó a la mesa y comió y bebió con tanto
sat at the table and (he) ate and (he) drank with so much

gusto que en menos de diez minutos había devorado
taste that in less of ten minutes (he) had devoured
(than)

todo.
all

Una vez terminada su comida, preguntó al posadero:
One time finished his food asked ~~to~~ the innkeeper

- ¿Hay en este pueblo un buen barbero que pueda
Has in this village a good barber that can
(Is there)

afeitarme?
shave me

- Ciertamente, señor, - contestó el posadero, y llamó
Certainly sir answered the innkeeper and called

al barbero que vivía no lejos de la fonda.
~~to~~ the barber that lived not far from the inn

65

Con su estuche en una mano y el sombrero en la
With his case in one hand and the hat in the

otra, entró el barbero, y haciendo una
other entered the barber and making a

profunda reverencia preguntó: - ¿En qué puedo servir
profound reverence asked In what can (I) serve
deep bow

a Vd., señor?
to you sir

- Aféiteme Vd., - gritó el forastero con voz de
Shave me you shouted the stranger with voice of
You will shave me

trueno. - Pero le advierto que tengo la piel muy
thunder But him (he) warned that (he) had the skin very
(a)

delicada. Si no me corta le daré cinco pesetas,
delicate If not me (you) cut you (I) will give five pesetas

pero si me corta le mataré sin piedad. Ya
but if me (you) cut you (I) will kill without mercy Already

he matado más de un barbero por esa causa;
(I) have killed more of one barber for this cause
(than) (reason)

¡con que tenga cuidado! - añadió por vía de
with that (you) have care (he) added for way of

explicación.
explanation

El pobre barbero que se había espantado
The poor barber that himself had scared

al oír la aterradora voz de su cliente, ahora
at the to hear the terrifying voice of his client, now
at hearing

temblaba como la hoja de un árbol agitada por el
trembled like a leaf of a tree agitated by the

viento otoñal.
wind autumnal

El terrible hombre había sacado del bolsillo de su
The terrible man had taken out of the pocket of his

levita un grande y afilado cuchillo y lo había
frock-coat a large and sharpened knife and it had

puesto sobre la mesa. Era muy claro que la cosa
put on the table. (It) was very clear that the thing

no era para bromas.
not was for jokes

- Perdone Vd., señor, - dijo el barbero con voz
Pardon you sir said the barber with voice
(me)

trémula, - yo soy viejo y me tiembla la mano un
trembling I am old and (of) me shakes the hand a

poco, pero voy a enviar a Vd. a mi ayudante, que
bit but (I) go to send to you to my assistant that
(who)

es joven. Puede Vd. fiarse de su habilidad.
is young Can you trust yourself of his ability
You can

Diciendo esto, salió casi corriendo de la fonda.
Saying this (he) exited almost running of the inn

Cuando estuvo fuera, dando gracias a Dios de haber
When (he) was outside giving thanks to God of to have

escapado, decía para sí: - Ese hombre es malo
escaped said to himself This man is bad

como un demonio; no quiero tener negocios con él.
like a demon not (I) want to have business with him

Tengo una esposa y ocho niños y debo pensar en
(I) have a wife and eight children and must think on (of)

ellos. Es mejor que venga mi ayudante.
them (It) is better that comes my assistant

A los diez minutos se presentó el ayudante en la
At the ten minutes himself presented the assistant in the
After

fonda. - Mi maestro me ordenó que viniera aquí
inn My master me ordered that (I) come here

para... - Sí, su maestro dice que es Vd. un hombre
for Yes your master says that are you a man
you are

hábil y espero que tenga razón, - le interrumpió el
able and (I) hope that (he) has reason him interrupted the
that he is right

forastero con voz ronca. - Le advierto que tengo
stranger with (a) voice raucous You (I) warn that (I) have

la piel muy delicada. Si me afeita sin cortarme
the skin very delicate If me (you) shave without to cut me

le daré cinco pesetas, pero si me corta, le
you (I) will give five pesetas but if me (you) cut you

mataré con este cuchillo tan cierto como mi barba
(I) will kill / with / this / knife / so / certainly / as / my / beard

es negra.
is / black

Al oír esto el ayudante palideció un poco, pero
At the / to hear / this / the / assistant / paled / a / bit / but
At hearing / / / / (became pale)

recobrando el ánimo replicó: - Ciertamente, señor, soy
recovering / the / spirit / replied / Certainly / sir / (I) am

muy hábil y tengo una mano muy segura. Tendría
very / able / and / (I) have / a / hand / very / sure / (I) shall have

mucho gusto en afeitarlo, pero Vd. tiene una barba
much / pleasure / in / to shave you / but / you / have / a / beard

muy espesa y necesito una navaja muy afilada.
very / thick / and / (I) need / a / razor / very / sharpened

Desgraciadamente no tengo ninguna en mi estuche
Unfortunately / not / (I) have / none / in / my / case

ahora, pero afortunadamente el aprendiz afiló sus
now / but / fortunately / the / apprentice / sharpened / his

navajas esta misma mañana. Le voy hacer venir
razors / this / very / morning / Him / (I) go / make / come

al instante.
at the / instant
immediately

69

Con esto escapó precipitadamente diciendo para sí:
With this (he) escaped hastily saying for himself

- ¡Cáspita! ¡Ese barbón se parece al mismísimo
Gad This barbarian himself seems ~~to~~ the very same

diablo! Lo que es a mí, no me mata. Que vaya el
devil It that is to e not me kills That goes the

aprendiz, que es joven. Aquí tiene una buena ocasión
apprentice that is young Here (he) has a good occasion
(who) (opportunity)

de aprender algo. Por fin vino el aprendiz. Era un
of to learn some For end came the apprentice (He) was a
Finally

muchacho de unos diez y seis años, con ojos vivos
boy of some ten and six years, with eyes lively
about sixteen

y cara inteligente.
and face intelligent

- ¡Ola! - gritó el forastero, soltando una carcajada
Hello shouted the stranger letting go of a loud laugh

que hizo retemblar las paredes.
that made tremble the walls
shook

- ¿Te atreves tú a afeitarme? Pues bien, muchacho.
Yourself dare you to shave me Then well boy

¡Mira! Aquí tienes esta pieza de oro y este
Look Here (you) have this piece of gold and this

cuchillo. La moneda de oro vale cinco pesetas y
knife The money of gold is worth five pesetas and

será tuya si me afeitas sin cortarme; pero como
will be yours if me (you) shave without to cut me but as

eso no es muy fácil, porque tengo la piel muy
this not is very easy because (I) have the skin very

delicada, te advierto que si me cortas te mataré
sensitive you (I) warn that if me (you) cut you (I) will kill

con este cuchillo.
with this knife

Y miró al pobre aprendiz con unos ojos que
And (he) looked at the poor apprentice with ~~some~~ eyes that

parecían salir chispas centellantes.
seemed to exit sparks sparkling

Mientras tanto, el muchacho reflexionaba de esta
While so much the boy pondered of (in) this

manera: - ¡Cinco pesetas! Eso es más de lo que
manner Five pesetas This is more of it that

gano en seis meses. Con esa suma me puedo
(I) earn in six months With this sum myself (I) can

comprar un traje nuevo para la feria y, además, un
buy a dress new for the fair and moreover a

nuevo estuche. Con que me voy a atrever. Si este
new kit With that me (I) go to dare If this

bruto mueve el rostro y lo corto, ya sé lo
brute moves the face and him (I) cut already (I) know that

que debo hacer.
what (I) must do

Con gran calma saca todo lo necesario de su
With great calm (he) took out all the necessary from his

estuche; sienta al forastero en una silla, y sin
kit seating to the stranger in a seat and without

el menor miedo pero con mucho cuidado termina el
the least fear but with much care finished the

muchacho felizmente la operación.
boy happily the operation

- Aquí tienes tu dinero, - dijo el terrible matasiete.
Here (you) have your money said the terrible kill-seven

- ¡Chispas, niño! tú tienes más valor que tu maestro
Sparks child you have more valor than your master
{Darn}

y su asistente, y a la verdad mereces el oro.
and his assistent and to the truth (you) deserve the gold

Pero dime: ¿no tenías miedo?
But tell me not (you) have fear

- ¿Miedo? ¿Por qué? Vd. estaba enteramente en mi
Fear For what You were entirely in my

poder. Tenía yo las manos y mi más afilada navaja
power Had I the hands and my most sharpened razor
     I had

72

en	la	garganta	de	Vd.	Supongamos	que	Vd.	se
in	the	throat	of	you	(We) Suppose	that	you	yourself

mueve	y	yo	le	corto.	Vd.	intenta	asir	el	cuchillo
move	and	I	you	cut	You	try	to grab	the	knife

para	matarme.	Yo	lo	impido	y	con	una	sola	tajada
for	to kill me	I	it	impede	and	with	a	single	cut

lo	deguello.	Eso	es	todo.	¿Entiende	Vd.	ahora?
you	cut the throat	That	is	all	Understand	you	now

Esta	vez	fue	el	forastero	el	que	se	puso	pálido.
This	time	was (it)	the	stranger	him	that	himself	put	pale
								became pale	

73

EL ESPEJO DE MATSUYAMA

EL ESPEJO DE MATSUYAMA
The   mirror   of   Matsuyama

Mucho   tiempo   há   vivían   dos   jóvenes   esposos   en   lugar
Much   time   has   lived   two   young   spouses   in   (a) place
A long time ago

muy   apartado   y   rústico.   Tenían   una   hija   y
much   apart   and   rustic   (The) had   a   daughter   and
(remote)

ambos   la   amaban   de   todo   corazón.   No   diré   los
both   her   loved   of   all   heart   Not   (I) will say   the

nombres   de   marido   y   mujer,   pero   diré   que   el
names   of   husband   and   wife   but   (I) will say   that   the

sitio   en   que   vivían   se   llamaba   Matsuyama,   en   la
site   in   that   (they) lived   itself   called   Matsuyama   in   the
was called

provincia   de   Echigo.
province   of   Echigo

Cuando   la   niña   era   aún   muy   pequeñita,   el   padre
When   the   child   was   still   very   tiny   the   father

se   vió   obligado   a   ir   a   la   gran   ciudad,   capital
himself   saw   obliged   to   go   to   the   great   city   capital

del   Imperio.   Como   era   tan   lejos,   ni   la   madre
of the   empire   As   (it) was   so   far   neither   the   mother

ni   la   niña   podrían   acompañarle,   y   él   se   fué
nor   the   child   could   accompany him   and   he   himself   went

solo, despidiéndose de ellas y prometiendo traerles,
alone / dismissing himself / of / them / and / promising / to bring them

a la vuelta, muy lindos regalos. La madre no había
at / the / return / very / beautiful / gifts / The / mother / not / had

ido nunca más allá de la cercana aldea, y así
done / never / more there / farther / of / the / nearby / village / and / as such

no podía desechar cierto temor al considerar que su
not / could / throw off (dismiss) / certain / fear / at the / considering / that / her

marido emprendía tan largo viaje; pero al mismo
husband / undertook / such / (a) long / journey / but / at the / same

tiempo sentía orgullosa satisfacción de que fuese él,
time / (she) felt / proud / satisfaction / of / that / (it) was / him

por todos aquellos el primer hombre que
by / all / those / the / first / man / that

contornos,
contours
in all the region

iba a la rica ciudad, donde el rey y los
went / to / the / rich / city / where / the / king / and / the

magnates habitaban, y donde había que ver
magnates {people of importance} / lived / and / where / had / that / to see
there was to see

tantos primores y maravillas.
so many / fine things / and / wonders

En fin, cuando supo la mujer que volvía su marido,
In end / when / knew / the / woman / that / returned / her / husband
Finally

vistió a la niña de gala, lo mejor que pudo, y
dressed / to / the / child / of / gala / the / best / that / (she) could / and
festively

ella se vistió un precioso traje azul que sabía
she herself wore a precious dress blue that (she) knew

que a él le gustaba en extremo.
that to him him pleased in extreme / very much

Gran fué el contento de esta buena mujer cuando
Great was the satisfaction of this good woman when

vió al marido volver a casa sano y salvo.
(she) saw to the / husband return to (the) house sane and saved / save and sound

La chiquitina daba palmadas y sonreía con deleite
The little girl gave claps / clapped and smiled with delight

al ver los juguetes que su padre le trajo. Y él
at the / at the sight of to see the toys that her father her brought And he

no se hartaba de contar las cosas extraordinarias
not himself got enough of to tell the things extraordinary

que había visto, durante la peregrinación, y en la
that (he) had seen during the pilgrimage and in the

capital misma.
capital itself

- A ti - dijo a su mujer - te he traido
To you (he) said to his wife (for) you (I) have brought

un objeto de extraño mérito; se llama espejo. Mírale
an object of strange merit / (properties) itself calls / it is called mirror Look at it

y dime que ves dentro.
and tell me what (you) see inside

Le — Him
dió — (he) gave
entónces — then
una — a
cajita — little box
chata, — flat
de — of
madera — wood

flat little box

blanca, — white
donde, — where
cuando — when
la — she
abrió — opened
ella, — it
encontró — encountered (she found)
un — a

disco — disc
de — of
metal. — metal
Por — For (On)
un — one
lado — side
era — (it) was
blanco — white
como — as
plata — silver

mate, — matt
con — with
adornos — decorations
en — in
realce — highlight embossed
de — of
pájaros — birds
y — and
flores, — flowers

y — and
por — for
el — the
otro, — other (side)
brillante — brilliant
y — and
pulido — polished
como — as
cristal. — crystal

Allí — There
miró — looked
la — the
joven — young
esposa — spouse
con — with
placer — pleasure
y — and
asombro, — surprise

porque — because
desde — from
su — its
profundidad — depth
vió — (she) saw
que — that
la — her
miraba, — watched

con — with
labios — lips
entreabiertos — half-open
y — and
ojos — eyes
animados, — lively
un — a
rostro — face

que — that
alegre — happy
sonreía. — smiled

smiled happily

- ¿Qué — What
ves? — (do you) see
- preguntó — asked
el — the
marido — husband
encantado — enchanted
del — of the

pasmo — astonishment
de — of
ella — her
y — and
muy — much
ufano — proud
de — of
mostrar — to show
que — that

había — (he) had
aprendido — learned
algo — something
durante — during
su — his
ausencia. — absence

77

- Veo a una linda moza, que me mira y que
(I) see at a beautiful girl that me watches and that

mueve los labios como si hablase, y que lleva
moves the lips as if talks herself and that carries
(she is speaking)

¡caso extraño! un vestido azul, exactamente como el
case strange a dress blue exactly as the

mío.
mine

- Tonta, es tu propia cara la que ves, - le
Silly (it) is your own face that you see him

replicó el marido, muy satisfecho de saber algo
replied the husband very satisfied of to know something

que su mujer no sabía. - Ese redondel de metal se
that his wife not knew This circle of metal itself

llama espejo. En la ciudad cada persona tiene uno,
calls mirror In the city each person has one

por más que nosotros, aquí en el campo, no los
for more that us here in the countryside not it
while we

hayamos visto hasta hoy.
have seen until today

Encantada la mujer con el presente, pasó algunos
Enchanted the wife with the gift passed some
The wife being enchanted

días mirándose a cada momento, porque, como ya
days watching herself at each moment because as already

78

dije, era la primera vez que había visto un
(I) said — (it) was — the — first — time — that — (she) had — seen — a

espejo, y por consiguiente, la imagen de su linda
mirror — and — for — consequence / consequently — the — image — of — her — beautiful

cara. Consideró, con todo, que tan prodigiosa alhaja
face — (She) considered — with — all — that — such — prodigious — jewelry

tenía sobrado precio para uso de diario, y la guardó
had — over / was too expensive — price — for — use — of — daily / daily use — and — she — kept

en su cajita y la ocultó con cuidado entre sus
in — her — little box — and — it — hid — with — care — between — her

mas estimados tesoros.
most — esteemed — treasures

Pasaron años, y marido y mujer vivían aún muy
Passed / Years passed — years — and — husband — and — wife — lived — still — very

dichosos. El hechizo de su vida era la niña, que
happy — The — magic — of — their — life — was — the — child — that

iba creciendo y era el vivo retrato de su madre,
went — growing / grew up — and — was — the — living — image — of — her — mother

y tan cariñosa y buena que todos la amaban.
and — so — affectionate — and — good — that — all — her — loved

Pensando la madre en su propia pasajera vanidad,
Thinking — the — mother — on (of) — her — own — passing — vanity

al verse tan bonita, conservó escondido el
at the / seeing herself — to see herself — so — pretty — kept — hidden — the

espejo, pensando que su uso pudiera engreír a la
mirror — thinking — that — its — use — could — conceit — to — the

79

niña. Como no hablaba nunca del espejo, el padre
girl   As not (she)talked never of the mirror the father

le olvidó del todo. De esta suerte se crió la
him (he)forgot of the all Of this luck herself grew the
          totally

muchacha tan sencilla y candorosa como había sido
girl   so simple and candid   as   had   been

su madre, ignorando su propia hermosura, y que la
her mother ignoring her own   beauty   and what her

reflejaba el espejo.
reflected the mirror

Pero llegó un día en que sobrevino tremendo
But arrived one day on that overcame tremendous

infortunio para esta familia hasta entonces tan dichosa.
misfortune for this family until then   so happy

La excelente y amorosa madre cayó enferma, y
The excellent and loving mother fell sick   and

aunque la hija la cuidó con tierno afecto y
although the daughter her cared for with tender affection and

solícito desvelo, se fué empeorando cada vez más,
solicitous wakefulness herself was worsening each time more
(thoughtful)   she was

hasta que no quedó esperanza, sino la muerte.
until that not remained hope   if-not the death
                                 (only)

Cuando conoció ella que pronto debía abandonar a
When knew she that soon (she) must abandon ~~to~~

su marido y a su hija, se puso muy triste,
her husband and ~~to~~ her daughter herself set very sad
she became

afligiéndose por los que dejaba en la tierra y
afflicting herself for those that stayed on the earth and
(grieving)

sobre todo por la niña.
over all for her girl

La llamó, pues, y le dijo:
Her (she) called then and her said

- Querida hija mía, ya ves que estoy muy
Beloved daughter (of) mine already (you) see that (I) am very

enferma y que pronto voy a morir y a dejaros
sick and that soon (I) go to die and to let you

solos a ti y a tu amado padre. Cuando yo
alone to you and to your beloved father When I

desaparezca, prométeme que mirarás en el espejo,
disappear promise me that (you) will look in the mirror

todos los días al despertar y al acostarte.
all the days at the waking up and at the laying down yourself

En él me verás y conocerás que estoy siempre
In it me (you) will see and (you) will know that (I) am always

velando por ti.
keeping vigil for you
(over)

81

Dichas estas palabras, le mostró el sitio donde estaba
Spoken these words her showed the site where was

oculto el espejo. La niña prometió con lágrimas lo
hidden the mirror The girl promised with tears it

que su madre pedía, y ésta, tranquila y
that her mother asked and this (one) calm and

resignada, expiró a poco.
resigned expired at little
passed away a little after

En adelante, la obediente y virtuosa niña jamás
In ahead the obedient and virtious girl never

olvidó el precepto materno, y cada mañana y
forgot the precept motherly and each morning and
(request) (of her mother)

cada tarde tomaba el espejo del lugar en que
each evening took the mirror from the place in that

estaba oculto, y miraba en él, por largo rato e
(it was) hidden and looked in it for (a) long time and

intensamente. Allí veía la cara de su perdida
intensely There (she) saw the face of her lost

madre, brillante y sonriendo. No estaba pálida y
mother brilliant and smiling Not (it) was pale and

enferma como en sus últimos días, sino hermosa y
sick as in her last days but beautiful and

joven. A ella confiaba de noche sus disgustos y
young To her (she) confided of night her displeasures and
(at)

82

penas del día, y en ella, al despertar, buscaba
hardships of the day and in her at the waking up sought

aliento y cariño para cumplir con sus deberes.
encouragement and love to accomplish with her tasks

De esta manera vivió la niña, como vigilada por su
Of this manner lived the girl as guarded by her

madre, procurando complacerla en todo como cuando
mother trying to please her in all as when

vivía, y cuidando siempre de no hacer cosa alguna
(she) lived and caring always of not to do thing any
anything

que pudiera afligirla o enojarla. Su más puro
that could afflict her or annoy her Her most pure
(make her sad)

contento era mirar en el espejo y poder decir:
satisfaction was to look in the mirror and be able to say

- Madre, hoy he sido como tú quieres que yo
Mother today (I) have been as you want that I

sea.
am

Advirtió el padre, al cabo, que la niña miraba
Noticed the father at the end that the girl watched

sin falta en el espejo, cada mañana y cada
without fail in the mirror each morning and each

83

noche, y parecía que conversaba con él. Entonces
night and (it) seemed that (she) talked with it Then

le preguntó la causa de tan extraña conducta.
her (he) asked the cause of such strange behavior

La niña contestó:
The girl answered

- Padre, yo miro todos los días en el espejo para
Father I watch all the days in the mirror for

ver a mi querida madre y hablar con ella.
to see to my beloved mother and to talk with her

Le refirió además el deseo de su madre
Him (she) referred moreover the desire of her mother
  (she told)
moribunda y que ella nunca había dejado de
dying and that she never had left of

cumplirle.
to fulfill

Enternecido por tanta sencillez y tan fiel y amorosa
Softened by such simplicity and such faith and loving

obediencia, virtió él lágrimas de piedad y de afecto,
obedience poured he tears of piety and of affection

y nunca tuvo corazón para descubrir a su hija que
and never had heart to uncover to his girl that

84

la	imagen	que	veía	en	el	espejo	era	el	trasunto
the	image	that	(she) saw	in	the	mirror	was	the	image

de	su	propia	dulce	figura,	que	el	poderoso	y
of	her	own	sweet	figure	that (which)	the	powerful	and

blando	lazo	del	amor	filial	hacía	cada	vez	más
tender	bond	of the	love	daughterly	made	each	time	more

semejante	a	la	de	su	difunta	madre.
similar	to	that	of	her	deceased	mother

LOS ZAPATOS DE TAMBURÍ

LOS	ZAPATOS	DE	TAMBURÍ
The	shoes	of	Tamburi

Había	en	el	Cairo	un	mercader	llamado	Abou
Had	in	~~the~~	Cairo	a	merchant	called	Abou
(There was)							

Tamburí,	que	era	conocido	por	su	avaricia;	aunque
Tamburi	that	was	known	for	his	avarice (greed)	although

rico,	iba	pobremente	vestido,	y	tan	sucio,	que
rich	(he) went	poorly	dressed	and	so	dirty	that

parecía	un	mendigo.	Lo	más	característico	de	su
(he) seemed	a	beggar	The	most	characteristic	of	his

traje	eran	unos	enormes	zapatones,	remendados	por
dress	were	some	huge	shoes	mended	for (at)

todos	lados,	y	cuyas	suelas	estaban	provistas	de
all	sides	and	which	soles	were	provided (outfitted)	of (with)

gruesos	clavos.
thick	nails

Paseábase	cierto	día	el	mercader	por	el	gran	bazar
Passed itself	(a) certain	day	the	merchant	for (by)	the	grand	bazaar

de	la	ciudad,	cuando	se	le	acercaron	dos
of	the	city	when	themselves	him	approached	two

comerciantes	a	proponerle:	el	uno	la	compra	de	una
merchants	to	offer him (a deal)	the	one	the	purchase	of	a

partida de cristalería, y el otro una de esencia de
party(load) of glassware and the other one of essence of

rosa. Este último era un perfumista que se
rose This last(one) was a perfumer that himself

encontraba en grande apuro, y Tamburí compró toda
encountered(found) in great trouble and Tamburi bought all

la partida por la tercera parte de su valor.
the batch for the third part of its value

Satisfecho con su compra, en lugar de pagar el
Satisfied with his purchase in place of to pay the

alboroque a los comerciantes como es costumbre en
bonus to the merchants as is habit in

Oriente, creyó más oportuno el ir a tomar un
(the) Orient believed (it) more opportune he to go to take a

baño. No se había bañado desde hacía mucho
bath Not himself had bathed since made much

tiempo, y tenía gran necesidad de ello, porque el
time and had great need of it because the

Corán manda a los creyentes de Mahoma
Koran orders to the believers of Mohammed

bañarse frecuentemente en agua limpia.
to bathe themselves frequently in water clean

Cuando se dirigía al baño, un amigo que le
When himself (he) directed to the bath a friend that him

acompañaba le dijo:
accompany him said

- Con los negocios que acabas de hacer tienes
With the affairs that (you) finished of to make (you) have

una ganancia muy pingüe, pues has triplicado tu
an gain very rich then (you) have tripled your
(profit)

capital. Así es que deberías comprarte un calzado
capital As such (it) is that (you) must buy yourself a footwear

nuevo, pues todo el mundo se burla de ti y de
new since all the world itself laughs of you and of

tus zapatos.
your shoes

- Ya lo había pensado; pero me parece que mis
Already it (I) had thought but to me (it) seems that my

zapatos pueden tirar aún cuatro o cinco meses.
shoes can pull still four o five months
(last)

Llegó a la casa de baños, se despidió de su
After at the house of baths himself dismissed de his

amigo y se bañó. El Cadí fué también a
friend and himself bathed The Cadi was also to
{Muslim law judge}

bañarse aquella mañana y en el mismo
bathe himself that morning and in the same

establecimiento, y como Tamburí saliera del baño
establishment / and / as / Tamburi / exited (came out) / of the / bath

antes que él, se dirigió a la pieza inmediata para
before / ~~that~~ / him / himself / directed / to / the / piece (room) / near / for

vestirse. Pero con sorpresa vió que a lado de
to dress himself / But / with / surprise / (he) saw / that / at / (the) side / of

su ropa, en lugar de sus antiguos zapatos había
his / clothing / in / place / of / his / old / shoes / (it) had (there were)

otros nuevos, que se apresuró a ponerse,
other / new ones / that / himself / (he) hastened / to / put on himself

creyendo que eran un regalo de alguno de sus
believing / that / (they) were / a / gift / of / some / of / his

amigos. Como ya al encontrarse con zapatos
friends / As / already / at the / encountering himself / with / shoes

nuevos no tenía necesidad de comprar otros, salió
new / not / (he) had / need / of / to buy / others / (he) exited

muy satisfecho de la casa de baños.
very / satisfied / from / the / house / of / baths

El Cadí, después de terminar su baño, fué a
The / Cadi {Muslim law judge} / after / of / to finish / his / bath / went / to

vestirse; pero en vano sus esclavos buscaron su
dress himself (get dressed) / but / in / vain / his / slaves / looked for / his

calzado, tan sólo encontraron los viejos y remendados
footwear / so / only / encountered (found) / the / old / and / mended

zapatos de Tamburí.
shoes / of / Tamburi

Furioso el Cadí mandó a un esclavo a
Furious the Cadi ordered ~~to~~ a slave to
{Muslim law judge}

cambiar el calzado, y encerró en la cárcel al
change the footwear and locked in ~~the~~ jail ~~to~~ the

avaro Tamburí. Éste, al día siguiente, después de
greedy Tamburi This (one) at the day next after of

pagar la multa que le impuso el Cadí, fué
to pay the fine that him imposed the Cadi was
{Muslim law judge}

dejado en libertad. Cuando llegó a su casa
left in freedom When (he) arrived at his house

Tamburí arrojó por la ventana al río los zapatos
Tamburi threw through the window at the river the shoes
(in the)

que habían sido causa de su prisión.
that had been cause of his prison

Después de algunos días, unos pescadores, que habían
After of some days, some fishermen, that had

echado sus redes en el río, cogieron entre las
thrown their nets in the river, caught between the

mallas los zapatos de Tamburí, pero los clavos de que
netting the shoes of Tamburi, but the nails of that

estaba llena la suela destrozaron los hilos de las
(it) was full the sole destroyed the threads of the

redes. Indignados los pescadores, recurrieron al Juez
nets Outraged the fishermen, resorted to the judge

90

para reclamar contra quien había echado al río
for *to claim* *against* *whom* *had* *thrown* *at the (in the)* *river*

indebidamente aquellos zapatos.
improperly *those* *shoes*

El Juez les dijo que en aquel asunto nada podía
The *judge* *them* *said* *that* *in* *this* *case* *nothing* *(he) could*

hacer. Entonces los pescadores cogieron los zapatos, y,
do *Then* *the* *fishermen* *caught (grabbed)* *the* *shoes* *and*

viendo abierta la ventana de la casa de Tamburí, los
seeing *open* *the* *window* *of* *the* *house* *of* *Tamburi* *them*

arrojaron dentro, rompiendo todos los frascos de esencia
threw *inside* *breaking* *all* *the* *jars* *of* *essence*

de rosa que el avaro había comprado hacía poco,
of *rose* *that* *the* *miser* *had* *bought* *(it) made* *little*

y con cuya ganancia estaba loco de contento.
and *with* *which* *gain* *(he) was* *crazy* *of* *satisfaction*

- ¡Malditos zapatos! - exclamó, - ¡cuántos disgustos
Cursed *shoes* *(he) exclaimed* *how many* *displeasures*

me cuestan! - Y cogiéndolos, se dirigió al jardín
me *(they) cost* *And* *grabbing them* *himself* *directed* *to the* *garden*

de su casa y los enterró. Unos vecinos que vieron
of *his* *house* *and* *them* *buried* *Some* *neighbors* *that* *saw*

al avaro remover la tierra del jardín y cavar en
to the *miser* *remove* *the* *earth* *of the* *garden* *and* *dig* *in*

91

ella, dieron parte al Cadí, añadiendo que
her gave part (notice) to the Cadi {Muslim law judge} adding that

sin duda Tamburí había descubierto un tesoro.
without doubt Tamburi had discovered a treasure

Llamóle el Cadí para exigirle la tercera
Called him the Cadi {Muslim law judge} for to demand of him the third

parte que correspondía al Sultán, y costó mucho
part that corresponded (belonged) to the Sultan and (it) cost much

dinero al avaro el librarse de las garras del
money to the miser the freeing himself of the claws of the

Cadí. Entonces cogió sus zapatos, salió fuera de
Cadi Then (he) grabbed his shoes exited outside of

la ciudad y los arrojó en un acueducto; pero los
the city and them threw in an aquaduct but the

zapatos fueron a obstruir el conducto del agua con
shoes were to obstruct the conduction (flow) of the water with

que se surtía la población de Suez.
that itself supplied the population of Suez

Acudieron los fontaneros, y encontrando los
Arrived the plumbers {fountaineers} and (when) (they) encountered (they found) the

zapatos se los llevaron al Gobernador, el cual
shoes themselves them took to the governor the which

mandó reducir a prisión a su dueño y pagar una
ordered to reduce (to place) at prison to its owner and pay a

multa — fine
más — much
crecida — grown (higher)
aún — still
que — than
las — the
dos — two
anteriores, — earlier ones

entregando, — delivering
no — no
obstante, — hindering / nevertheless
los — the
zapatos — shoes
a — to
Tamburí. — Tamburi

Así — As such
que — that
se — himself
vio — saw
Tamburí — Tamburi
otra — other
vez — time / again
en — in
posesión — possession
de — of

sus — his
zapatos, — shoes
resolvió — (he) resolved
destruirlos — to destroy them
por — by
medio — manner
del — of the

fuego; — fire
pero — but
como — as
estaban — were
mojados — wet
no — no
logró — (he) succeeded in
su — his

objeto. — goal
Para — For
poder — to be able
quemarlos — to burn them
los — them
llevó — (he) took
a — to
la — the
azotea — rooftop

de — of
su — his
casa — house
con — with
el — the
propósito — goal
de — of
que — that
los — the
rayos — rays
del — of the

sol — sun
los — them
secasen. — dried

El — The
destino, — fate
empero, — however
no — not
había — had
agotado — exhausted
los — the
disgustos — displeasures

que — that
le — him
proporcionaban — proportioned (dealt)
los — the
malditos — accursed
zapatos. — shoes
Cuando — When

los — them
dejó, — (he) left
varios — various
perros — dogs
saltaron — jumped
a — on
la — the
azotea — rooftop
por — by
los — the

tejados — roofs
y, — and
cogiéndolos, — grabbing them
se — themselves
pusieron — set
a — to
jugar — play
con — with

93

ellos. Durante el juego, uno de los perros tiró un
them *During* *the* *game* *one* *of* *the* *dogs* *threw* *a*

zapato al aire con tal fuerza que cayó a la calle
shoe *at the* *air* *with* *such* *force* *that* *(it) fell* *at* *the* *street*
(in the)

en el momento en que pasaba una mujer. El espanto,
in *the* *moment* *in* *that* *passed* *a* *woman.* *The* *fright*

la violencia y la herida que le causó fueron tales
the *violence* *and* *the* *wound* *that* *it* *caused* *were* *such*

que quedó desmayada en la calle. Entonces el
that *(she) remained* *fainted* *in* *the* *street* *Then* *the*

marido fué a quejarse nuevamente al
husband *went* *to* *complain himself* *newly* *at the*

Cadí y Tamburí tuvo que pagar a aquella
Cadi *and* *Tamburi* *had* *to* *pay* *to* *that*
{Muslim law judge}

mujer una gruesa multa como indemnización de daños.
woman *a* *fat* *fine* *as* *indemnity* *of* *damages*

Esta vez, desesperado, Tamburí se propuso quemar
This *time* *desperate* *Tamburi* *himself* *set* *to burn*

los endiablados zapatos y los llevó a la azotea,
the *devilish* *shoes* *and* *them* *brought* *to* *the* *rooftop*

donde se puso de vigilante para evitar que
where *himself* *(he) set* *of* *vigilant* *for* *to avoid* *that*
to guard

se los llevasen. Pero entonces fueron a
themselves *them* *took* *But* *then* *(they) went* *to*
they were taken

94

llamarlo para finalizar un negocio de cristalería, y la
call him for to finalize a deal of glass and the

codicia le hizo abandonar su puesto.
greed him made abandon his post

No bien dejó la azotea cuando un halcón que
Not well (he) left the rooftop when a falcon that
He just left

revoloteaba sobre la casa, creyendo que los zapatos
flew rounds over the house believing that the shoes

eran buena presa, los cogió con sus garras y
were good prey them grabbed with his claws and

se remontó en los Cansado el halcón,
himself mounted back up in the Tired the falcon
aires. After the falcon became tired
airs
flew up again

desde cierta altura dejó caer los zapatos sobre la
from certain altitude let fall the shoes on the

cúpula de la mezquita mayor y los pesados zapatos
dome of the mosque major and the heavy shoes

hicieron considerables destrozos en la cristalería de la
did considerable destructions in the glass of the

cúpula.
dome

Los sirvientes del templo acudieron al ruido, y
The servants of the temple arrived at the noise and

vieron con asombro que la causa de aquel destrozo
saw with surprise that the cause of that destruction

95

eran los zapatos de Tamburí, y expusieron su
were the shoes of Tamburi and presented their

queja al Gobernador. Tamburí fué preso y llevado
complain to the governor Tamburi was taken and brought

a presencia del Gobernador, el que, enseñándole los
at (the) presence of the governor he that pointing him the

zapatos, le dijo:
shoes him said

- ¿Es posible que no escarmientes? ¡Merecías ser
Is possible that not (you) learn (You) deserve to be

empalado! Pero tengo lástima de ti y sólo te
impaled But (I) have pity of you and only you

condeno a quince días de cárcel y a una multa
condemn to fifteen days of jail and to a fine

para el tesoro del Sultán, y al pago de los
for the treasury of the Sultan and to the pay of the

destrozos que has causado en la cúpula de la
destructions that (you) have caused in the dome of the

mezquita.
mosque

Tamburí tuvo que cumplir su condena; pasó quince
Tamburi had to comply with his sentence (he) passed fifteen
(he spent)

días en la cárcel; pagó dos mil cequíes de
days in the jail (he) paid two thousand sequins of
{money}

multa para el tesoro del Sultán y ciento
fine for the treasury of the Sultan and (one) hundred

cincuenta por las reparaciones que hubo que hacer en
(and) fifty for the repairs that (it) had to do in

el tejado. Pero las autoridades del Cairo mandaron a
the roof But the authorities of the Cairo sent to

Tamburí los zapatos.
Tamburi the shoes

Tamburí, después de meditarlo mucho pidió audiencia
Tamburi after of to ponder it much asked audience

al Sultán, y éste se la concedió. Hallábase
at the Sultan and this (one) himself it conceded Found oneself
(with the)

el Sultán rodeado de todos los Cadíes de la
the sultan surrounded of all the Cadi's of the
{Muslim law judges}

ciudad en el Salón del Trono, cuando se presentó
city in the hall of the throne when himself presented

Tamburí, y, de hinojos ante el Sultán, le dijo:
Tamburi and of knees before the sultan him said
on his knees

- Soberano Señor de los creyentes, soy el hombre
Sovereign lord of the believers (I) am the man

más infortunado del mundo; una serie inconcebible de
most unfortunate of the world a serie (of) inconceivable of

circunstancias fatales ha venido a causar casi mi
circumstances fatal has come to cause almost my

ruina / ruin   y / and   hacer / make   que / that   padeciera / (I) suffered   muchos / many   días / days   de / of   prisión. / prison

Causa / Cause   de / of   todas / all   mis / my   desdichas / misfortunes   son / are   estos / these   malditos / accursed

zapatos, / shoes   que / that   no / not   puedo / (I) was able   destruir / to destroy   ni / nor   hacer / make   desaparecer. / disappear

Ruego / (I) beg   a / to   V.M. / your majesty   que / that   me / me   releve / relieve   de / of   responsabilidad / responsibility

en / in   los / the   sucesos / events   a / to   que / that   estos / these   zapatos / shoes   puedan / can   dar / give   lugar, / place

directa / directly   o / or   indirectamente, / indirectly   pues / since   declaro / (I) declare   que / that   desde / from   hoy / today

renuncio / (I) renounce   por completo / for complete / completely   a / to   todos / all   mis / my   derechos / rights   sobre / on

ellos. / them   No / Not   me / me   quejo / (I) complain   de / of   las / the   resoluciones / resolutions (decisions)   del / of the

Cadí / Cadi {Muslim law judge}   ni / nor   de / of   las / those   del / of the   Gobernador, / governor   porque / because

han / (they) have   sido / been   justas. / just

Y / And   diciendo / saying   esto, / this   Tamburí / Tamburi   colocó / placed   los / the   dos / two   zapatos / shoes   en / in

las / the   gradas / steps   del / of the   Trono. / throne   El / The   Sultán, / sultan   enterado / found out (informed)   de / of   las / the

aventuras, / adventures   rió / laughed   con / with   todos / all   los / the   cortesanos, / couriers   y / and   para / to

satisfacer a Tamburí ordenó que en la plaza pública
satisfy ~~to~~ Tamburi (he) ordered that in the square public

fueran quemados los zapatos.
were (to be) burned the shoes

El verdugo los impregnó de pez y resina y
The executioner them drenched of pitch and resin and

les prendió fuego, y desde aquel momento
(to) them set fire and from that moment

Tamburí quedó libre y tranquilo.
Tamburi remained free and calm

EL TONTO

EL TONTO
The Fool

Vivían en cierto pueblo un labriego y su mujer.
(There) lived in (a) certain village a worker and his wife

Su única fortuna eran su cabana, una vaca y una
His only fortune were his hut a cow and a

cabra. El marido, que se llamaba Juan, era muy
goat The husband who himself called Juan was very

tonto, tanto que sus vecinos le habían puesto por
dumb so much that his neighbors him had set for

apodo "El Tonto". Pero María, la esposa, era muy
nickname The Fool But Maria the wife was very

inteligente y a menudo remediaba las tonterías que
intelligent and at usual fixed the dumb mistakes that
usually

había hecho su marido.
had made her husband

Una mañana María dijo a Juan:
One morning Maria said to Juan

- **Juan,** **ahora** **hay** **feria** **en** **la** **aldea.** **Vendamos**
  Juan — now — has (there is) — (a) fair — in — the — village — Let's sell

nuestra **vaca.** **Ya** **es** **muy** **vieja,** **da** **poca** **leche**
our — cow — Already — (it) is — very — old — gives — little — milk

y **el** **precio** **del** **heno** **ha** **subido** **mucho** **este** **año.**
and — the — price — of the — hay — has — risen — a lot — this — year

Juan **después** **de** **pensar** **un** **poco** **opinó** **como** **su**
Juan — after — of — to think — a — bit — opined (decided) — as (like) — his

mujer. **Se** **puso** **su** **vestido** **de** **domingo,** **tomó** **su**
woman (wife) — Himself — set / He put on — his — dress — of — Sunday — took — his

sombrero **y** **se** **fué** **al** **establo** **para** **llevar** **la**
hat — and — ~~himself~~ — went — to the — stable — for — to take — the

vaca **al** **mercado.**
cow — to the — market

- **Aviva** **el** **ojo,** **Juan,** **y** **no** **te** **dejes** **engañar,** -
  Enliven — the — eye / Watch out — Juan — and — not — yourself — let — deceive

dijo **la** **mujer.**
said — the — woman

\- No tengas cuidado, mujer. Tiene que madrugar
Not have worry woman Have to rise early
(Do not)

mucho el que me quiera engañar, - contestó el
very he that me wants to deceive answered the
(the one)

tonto campesino, que se tenía por muy inteligente.
stupid farmer that himself took for very intelligent

Juan se fué al establo; pero una vez allí no
Juan himself went to the stable but one time there not

sabía claramente distinguir cual era la vaca y
(he) knew clearly to distinguish which was the cow and

cual la cabra.
which the goat

\- ¡Caramba! - dijo para sí después de cavilar
Damned said for himself after of to hesitate
hesitating

largo rato. - La vaca es más grande que la cabra.
(a) long while The cow is more large than the goat
larger

Por lo tanto me llevo al animal más grande.
For that much myself (I) take to the animal most large
Therefore largest

Diciendo esto desató la vaca y se la llevó.
Saying this untied the cow and himself her took

102

No había andado Juan muchos kilómetros cuando
Not had gone Juan many kilometers when

le alcanzaron tres jóvenes, que también iban a la
him (they) reached three youths that also went to the
he was approached by

feria. Llevaban estos jóvenes poco dinero, e iban
fair Carried these youths (a) little money and went
These youths had

hambrientos y con mucha sed. Cuando vieron al
hungry and with much thirst When (they) saw to the

lugareño con su vaca resolvieron darle un chasco.
local with his cow resolved to give him a joke
(villager) {burla}

Uno de ellos había de adelantarse y tratar de
One of them had of to forward himself and try of

comprarle la vaca. Poco después el segundo debía
to buy of him the cow Little after the second must
(next one)

hacer lo mismo, y por último el tercero.
do the same and for last the third

- ¡Ola, amigo! - saludó el primero. - ¿Quiere Vd.
Hello friend saluted the first Want you

vender su cabra? ¿Cuánto vale?
to sell your goat How much is it worth

- ¿La cabra? - replicó el aldeano atónito. - ¿La
  The goat   answered the villager {aldea; village} surprised   The

cabra, dice Vd.? - y con expresión incrédula miraba
goat   says you   and with expression incredulous looked

al comprador y al animal.
at the buyer   and at the animal

- Véndamela- continuó el joven muy serio, - le doy
  Sell me her continued the youth very seriously   you (I) give

seis pesetas por ella.
six pesetas for her

- ¿La cabra? - continuó repitiendo el lugareño,
  The goat   continued repeating the local
                                          (villager)

moviendo la cabeza de un lado a otro. - Yo
moving   the head from one side to (the) other I

pensaba que era mi vaca la que llevaba a la
thought that (it) was my cow her that (I) took to the

feria, y aún ahora mismo, después de mirarla bien,
fair   and still now same   after of to look at her well
                       (even)

creo que es la vaca y no la cabra.
(I) believe that (it) is the cow and not the goat

- ¡Caracoles, hombre! No diga Vd. disparates. Ésta es
  Snails   man   No tell you nonsense This is
  (Darn)

la cabra más flaca que he visto en mi vida. Es
the goat most skinny that (I) have seen in my life (It) is

mejor que guarde mis seis pesetas. Adiós.
better that (I) keep my six pesetas To-god
                                (Goodbye)

Después de algunos minutos el segundo joven alcanzó
After of some minutes the second youth arrived

a Juan.
at Juan

- Buenos días, amigo, - le dijo afablemente. -
  Good days friend   him (he) said affably
Hace muy buen tiempo. ¡Toma!
(It) does very good weather
(It is)

¿Qué lleva Vd. aquí? ¿Una cabra? Yo iba a la feria
What carry you here A goat I went to the fair

precisamente a comprar una cabra. ¿Quiere Vd.
exactly to buy a goat Want you

venderme la suya? Le doy cinco pesetas por ella.
to sell me the yours You (I) give five pesetas for her

105

El campesino se detuvo, y rasgándose la oreja
The farmer himself halted and scratching himself the ear

dijo para sus adentros:
said by his insides
by himself

- ¡Canario! Aquí esta otro sujeto que dice que
Canary Here is (an)other fellow that says that
(Darn)

traigo la cabra. ¿Será esto posible? Durante todo
(I) bring the goat Will be that possible? During all
(I am bringing) (Is)

el camino este animal no ha abierto el hocico. Si
the road this animal not has opened the snout If

sólo hiciera ruido yo podría entonces saber
only (it) would make (a) sound I would be able then to know

si era la cabra o la vaca. ¡Maldita suerte! La
if (it) was the goat or the cow Cursed luck The

próxima vez que vaya al establo me llevo a mi
next time that (I) go to the stable myself (I) bring to my

mujer.
wife

- Pues bien, - continuó el tunante joven, - si
Then well continued the crooked youth if

no me quiere Vd. la cabra,
not to me want you the goat
vender
to sell
you don't want to sell to me

tendré que comprarla en la feria. Pero creo que
(I) have that to buy her on the fair But (I) believe that
I will have to buy her

cinco	pesetas	es	bastante	dinero	por	una	cabra	tan
five	pesetas	is	enough	money	for	a	goat	so

flaca.	Adiós.
skinny	Goodbye

Por	último	llegó	el	tercer	joven.
For (At)	last	arrived	the	third	youth

-	¡Ola,	amigo!	¿Quiere	Vd.	vender	su	cabra?
	Hello	friend	Want	you	to sell	your	goat

El	pobre	campesino	no	sabía	que	responder,	pero	al
The	poor	farmer	not	knew	what	to answer	but	at the

cabo	de	un	momento	de	silencio	replicó:
end	of	a	moment	of	silence	(he) answered

-	Vd.	es	el	tercero	que	me	habla	de	una	cabra.	¿No
	You	are	the	third	that	me	talked	of	a	goat	Not

puede	Vd.	ver	que	el	animal	que	traigo	es	una
could	you	see	that	the	animal	that	(I) bring	is	a

vaca?
cow

- Mi buen hombre, es Vd. ciego o está embriagado,
  My good man are you blind or are (you) drunk

- repuso el embustero. - ¡Vaya! Un niño puede
  responded the liar Go (Well) A child can

decirle que su animal no es una vaca, sino una
tel you that your animal not is a cow but a

cabra; y, por cierto, muy flaca.
goat and for certain very skinny

- ¡Canastos! - contestó el tonto aldeano. - Recuerdo
  Baskets (Darn) answered the dumb villager (I) remember

claramente que he tomado el animal que estaba
clearly that (I) have taken the animal that was

atado cerca de la puerta. Además, este animal tiene
tied close of the door Moreover this animal has

la cola larga, y una cabra tiene la cola más corta.
the tail large and a goat has the tail more short

- No diga Vd. tonterías, - contestó el tunante. - Le
  Not speak you foolishnesses answered the crook You

ofrezco cuatro pesetas por su cabra.
(I) offer four pesetas for your goat

Diciendo y haciendo, el pícaro sacó del bolsillo
Saying and doing the rogue took from the pocket

cuatro piezas de plata y las hizo sonar.
four pieces of silver and them let sound

El pobre lugareño completamente aturdido y ya
The poor local completely confused and already
(villager)

casi convencido, vendió el animal, recibió el dinero
almost convinced sold the animal received the money

y se volvió a su casa, mientras que los jóvenes
and himself turned to his house while that the youths

siguieron camino a la feria.
followed road to the fair
continued

La mujer del campesino se indignó mucho cuando
The wife of the farmer herself incensed much when

su marido le entregó las cuatro pesetas.
her husband her delivered the four pesetas

- ¡Tonto! ¡Estúpido! - exclamó colérica. - Llevaste
Fool Imbecile (she) exclaimed angry You took

la vaca que vale a lo menos cincuenta pesetas.
the cow that is worth at the least fifty pesetas

- Pero, ¿que podía hacer yo? Tres hombres, uno
But what could do I Three men one

después de otro, me aseguraban que llevaba la cabra,
after of other me assured that (I) took the goat
(the)

y...
and

- ¿Tres hombres? ¡Papanatas! - interrumpió la mujer.
  Three men Simpleton interrupted (him) the wife

- Apuesto a que esos hombres fueron los mismos que
  (I) bet to that those men were the same that

pasaron por aquí, y me preguntaron cuál era el
passed for here and me asked which was the
(by)

camino de la aldea. Sin duda han vendido
road of the village Without doubt (they) have sold

ya la vaca al primer marchante que
already the cow to the first merchant that

encontraron, y se regalan en este momento
(they) encountered and themselves treat on this moment
                          (are treating)

en alguna posada con el dinero. ¡Pronto! No perdamos
in some inn with the money Quick Not (we) loose

tiempo. Múdate de vestido. Ponte tu mejor
time Change yourself of clothing Put on your best

sombrero para que no te reconozcan. Vamos a
hat for that not you (they) recognize (We) go to

devolverles el chasco a esos pícaros, y puede ser
return them the joke to those rogues and (it) can be

que aun podamos recobrar nuestro dinero.
that still (we) can recover our money

A eso de las doce el tonto y su mujer llegaron a
At that of the twelve the fool and his wife arrived at
   At about twelve o'clock

la aldea. Visitaron varias fondas y, como lo sospechó
the village (They) visited various inns and as it suspected

110

la mujer, los tres pícaros fueron encontrados
the woman the three rogues were encountered

festejándose en una de aquéllas.
celebrating themselves in one of those

El lugareño y su mujer se sentaron cerca de
The local and his wife themselves seated close of
(villager) (to)

la mesa donde estaban los pícaros. La mujer llamó
the table where were the rogues. The wife called

al posadero y le refirió en pocas palabras lo
to the innkeeper and him mentioned in few words that

que había pasado a su marido.
what had happened to her husband

- Si Vd. nos ayuda, - dijo la mujer al posadero, -
If you us help said the wife to the innkeeper

podremos recobrar nuestro dinero. Yo propongo esto:
(we) will be able to recover our money I propose this

Mi marido pide un vaso de vino. Se levanta,
My husband asks a glass of wine. Himself (he) rises

revuelve su sombrero, llama a Vd., y Vd. saca de
turn his hat call to you and you take from

su bolsillo este dinero que yo le doy ahora, y
his hat this money that I you give now and

pretende Vd. que la cuenta está pagada.
pretend you that the account is paid

111

Mientras tanto los tres pícaros seguían comiendo y
While/Meanwhile that the three rogues continued eating and

bebiendo alegremente sin prestar atención al
drinking happily without to loan (to give) attention to the

lugareño. Pero cuando éste se levantó por tercera
villager But when this (one) himself rose for (the) third

vez, uno de los tres cayó en ello, y preguntó al
time one of the three fell in (for) it and asked the

posadero la causa de tan extraña conducta.
innkeeper the cause of such strange conduct

- ¡Calle Vd! ¡Silencio! - respondió éste,
Quiet yourself Silence answered this (one)

haciendo el misterioso. - Ese hombre tiene un
making the mysterious / acting mysteriously That man has a

sombrero mágico. He oído hablar muchas veces de
hat magic (I have) heard speak many times of

ese sombrero, pero ésta es la primera vez que veo
that hat but this is the first time that (I) see

tal maravilla con mis propios ojos. Viene este
such (a) wonder with my own eyes Comes this

campesino, me ordena un vaso de vino, revuelve el
farmer (of) me orders a glass of wine turns the

sombrero, y al momento suena en mi bolsillo el
hat and at the (at that) moment sounds in my pocket the

112

dinero. **Al** **principio** **no** **me** **parecía** **eso** **posible,** **pero**
money · At the · beginning · not · me · seemed · that · possible · but

los **hechos** **son** **más** **seguros** **que** **las** **palabras.**
the · deeds · are · more · certain · that · the · words

El **bribón,** **muy** **sorprendido,** **se** **reunió** **con** **sus**
The · rascal · very · surprised · himself · reunited / joined · with · his

camaradas **y** **les** **refirió** **lo** **que** **había** **oído.**
comrades · and · them · mentioned · that · what · (he) had · heard

- **Debemos** **obtener** **ese** **sombrero** **a** **cualquier** **precio,** -
(We) must · obtain · that · hat · at · whatever · price

dijeron **los** **tres** **al** **instante.**
said · the · three · at the · instant / immediately

Se **sentaron** **en** **la** **misma** **mesa** **que** **el** **lugareño,**
Themselves · seated · in · the · same · table · that · the · local
They went and sat · (at) · (as) · (villager)

a **quien** **no** **reconocieron,** **y** **trabaron** **conversación** **con**
to · whom · not · (they) recognized · and · locked (started) · conversation · with

él.
him

- Tiene Vd. un sombrero muy bonito, y me
  Has you a hat very pretty and me

gustaría comprarlo. ¿Cuánto vale? - dijo el
(it) would please to buy it How much is it worth said the

primero.
first

El lugareño le miró desdeñosamente y repuso: -
The villager him looked at disdainfully and responded

Este sombrero no se vende, pues no es un sombrero
This hat not itself sells since not is a hat
is for sale

ordinario como cualquier otro. ¡Ola, posadero! -
ordinary as whatever other Hello innkeeper

gritó con voz firme. - Traiga más vino.
(he) shouted with voice firm Bring more wine

Cuando el vino fué servido el lugareño se levantó,
When the wine was served the villager himself rose

revolvió el sombrero, y el posadero sacó
turned the hat and the innkeeper pulled

al instante el dinero de su bolsillo.
at the instant the money from his pocket
right then and there

114

Los tres bribones se quedaron pasmados de
The three rascals themselves remained stunned of

asombro, y tanto importunaron al lugareño que
surprise and so much importuned (badgered) ~~to~~ the local (villager) that

éste acabó por exclamar:
this (one) ended by exclaiming

- Pues bien, por cincuenta pesetas les venderé el
then well for fifty pesetas you (I) will sell the

sombrero.
hat

Ésta era la exacta suma en que habían vendido la
This was the exact sum in (for) that (they) had sold the

vaca. Muy alegres entregaron el dinero al lugareño,
cow Very happy (they) gave the money to the local (villager)

que tan pronto como tuvo el oro en su bolsillo
that so quick as (he) had the gold in his pocket

partió, más contento que unas pascuas.
left more content than some Easters / as a lark

Los tres bribones también partieron. No habían andado
The three rascals also left Not (they) had gone

gran distancia cuando llegaron a otra fonda. Uno
(a) large distance when (they) arrived at (an)other inn One

de ellos propuso que entrasen a probar el sombrero.
of them proposed that (they) entered to try the hat

115

Después   de   haber   bebido   algunas   botellas   de   vino,
After   of   to have drunk   some   bottles   of   wine

llamaron   a   la   huéspeda   para   pagarle.   El   primero   de
(they) called   to   the   hostess   for   to pay her   The   first (one) of
                      (innkeeper)

ellos   se   levantó,   revolvió   el   sombrero,   y   todos
them   himself   rose   turned   the   hat   and   all

ansiosamente   esperaron   el   efecto.   Pero   no   sucedió
anxiously   awaited   the   effect   But   not   happened

nada.   La   huéspeda,   extrañando   tal   conducta,   les   dijo:
nothing   The   hostess   surprising   such   conduct   them   told
                  (innkeeper)

-    Como   Vds.   me   han   llamado   yo   creía   que   me
     As   you   me   have   called   I   believe   that   me

     iban   a   pagar.
     (you) went   to   pay

-    Pues   meta   Vd.   la   mano   en   su   faltriquera   y
     Then   put   you   the   hand   in   your   pouch   and

hallará   Vd.   el   dinero.
will find   you   the   money

La   huéspeda   lo   hizo   así,   pero   no   encontró   ningún
The   hostess   it   did   like that   but   not   encountered   any
       (innkeeper)   (found)

dinero.
money

- ¡Diantre! - dijo el segundo joven, un poco alarmado,
Devil {diable} / said / the / second / youth / a / bit / alarmed

- tú no comprendes de esto. Dame el sombrero a
you / not / understand / of / this / Give me (Give) / the / hat / to

mí.
me

El joven tomó el sombrero, se lo puso, y lo
The / youth / took / the / hat / himself / it / put (on) / and / it

revolvió de derecha a izquierda. Pero todo en balde.
turned / from / right / to / left / But / all / in / pail (vain)

La faltriquera de la huéspeda estaba tan vacía como
The / pouch / of / the / hostess (innkeeper) / was / so (as) / empty / as

antes.
before

- Son Vds. unos bobos, - gritó el tercero con
Are / you / some / saps / yelled / the / third / with

impaciencia. - Voy a enseñar a Vds. como debe ser
impatience / (I) go / to / teach / to / you / how / must / be

revuelto el sombrero.
turned / the / hat

Y diciendo esto, revolvió el sombrero muy despacio
And / saying / this / (he) turned / the / hat / very / slow

y con mucho cuidado. Pero observó con gran
and / with / much / care / But / (he) observed / with / great

117

desaliento que no tuvo mejor éxito que sus
discouragement that not (he) had better success than his

compañeros.
companions

Al fin comprendieron que el lugareño les había
At the end (they) understood that the villager them had

dado un buen chasco. Su indignación fué tanta que
given a good joke. Their indignation was so much that

mejor es pasar por alto los epitetos con que
better is to pass for high the epithets with which
          to leave out

adornaron el nombre del lugareño.
(they) decorated the name of the villager

Éste al llegar a su casa contó las monedas de
This at the arriving at his house counted the money of

oro sobre la mesa exclamando:
gold on the table exclaiming

- ¿No lo dije esta mañana? Tiene que madrugar el
Not it said this morning? Has to get up early he

que quiera engañarme.
that wants to deceive me

118

Su mujer no dijo nada, porque era juiciosa, y
His wife not said nothing, because (she) was wise and

sabía que el silencio algunas veces es
(she) knew that ~~the~~ silence some times is

oro.
gold
(worth more than gold)